目標や夢が達成できる

1年・1カ月・1週間・1日の時間術

Time techniques
for a year, a month,
a week, and a day
that will help
you achieve
your goals and dreams.

タイムコーディネーター
吉武麻子

かんき出版

はじめに

「やりたいことがあるのに、仕事が忙しくて時間がない」

「時間管理や行動計画が苦手で、目標達成ができず自己嫌悪に陥る」

「夢に向かって走り出すものの、コツコツと続けられない」

「毎日がんばっているのに、目に見える成果が出ていない」


こんなお悩みをお持ちではありませんか？

本書は、普段、仕事や子育て、家事、介護など、やることを多く抱えながら、限られた時間の中で、目標や夢に向かって動こうとしている方に向けた時間術を紹介します。


やりたいことがある、目標がある、夢がある、これはとても幸せなことです。やりたいことをやっているときの充実感、やりきったあとの達成感を皆さんも味わったことがあるのではないでしょうか。

一方で、やりたいことや目標や夢が叶わずに悔しい思いをしたこともあるでしょう。うまくいかなかった要因はいろいろと考えられますが、思った通りに動けなかったときや、時間がなくてできなかったときに、一番ストレスを感じてしまいます。

「目標を達成しよう」「夢を叶えよう」と最初は勢いよく走り出したのに、途中で息切れし、志半ばであきらめてしまったり、目の前のことが山積みで、やりたいことをするまでに至らなかったり、というケースをよく見かけます。これはとても、もったいないことです。

本書は、このもったいないをなくすために書きました。

せっかく見つけたやりたいことや目標、夢を実現していくために重要な「動く」「動き続ける」ことを、誰でも取り組めるように解説します。

動くといっても、睡眠時間を削って、時短・効率化で時間を生み出し、自分にムチ打って、ガムシャラに行動量を増やしていくような方法ではありません。そのやり方では、残るのは疲労感だけで、続けることはできないでしょう。

時間術は、時短や効率化のノウハウだけを学んでも意味がないのです。なぜなら、ノウハウが必要になってくるのは、時間の整理をしたあとだからです。時間の整理をせずにいきなりノウハウを活用するのは、荒地を耕さずにいきなり苗を植えるようなもの。

これまで、数多くの時間管理の本を読んで実践したけれどうまくいかなかった、続かなかったという人は、もしかすると最初に時間の整理を行っていなかったからかもしれません。

まずは、**あなたの時間を全部広げてから整理していく必要があります。**

やりたいことや目標、夢がある人は、この本とともに続けられる行動計画を立てて、実現に向けて動いていきましょう。

ここで自己紹介も兼ねて、少し私の話をします。

私は30代前半まで、毎日それなりに楽しく過ごしつつ、その一方で自分を活かしきれていない感覚を抱きながら生きてきました。

高校卒業後に、幼い頃からの夢だった学校の先生になるべく教育学科に進んだものの、大学3年のときに方向転換。その後、家裁調査官の試験を受けましたが不合格となり、内定をもらえた企業に就職。しかし、3年経たずして退職し、26歳で韓国へ留学しました。

熱しやすく冷めやすかった私は、何かを始めても途中でやめたり、諦めたり。自分の中で「やりきった！」と言える経験がなかったことから、「中途半端な人間だ」と思っていたのです。

でも、あるとき、その思い込みはなくなりました。

韓国に留学し、まもなく日常会話を覚え、現地でキャスティングディレクターとしての職に就き、丸4年が経った頃です。韓国語も、キャスティングの仕事も、やりきったと思える瞬間がやってきました。

留学前に「いずれ韓国語を使って何か仕事ができればいい」と願っていたのですが、韓国語を話せるようになり、現地で就職もでき、自分が納得いく仕事もできるようになったと思えたのです。

「やりきった」といっても、あくまで自分の基準。ちなみに、私の韓国語はプロとして通訳・翻訳ができるレベルではありません。他人から見ると「話せない人から見ればうまいよね」程度でしょう。

大事なことは、「納得感」。納得感というのは、自分で選択して、自分で決めて、自分で動いた結果だからこそ、得られるものです。これがまさに、自分の人生の手綱を握るということです。

人生というのは、日常の時間の積み重ねで作られています。つまりは、**「充実した人生＝時間の使い方の手綱を自分で握る」ということです**。

だからこそ、自分でやりきったという経験を何よりも大事にして欲しいのです。

私は今、昔からの夢だった「教育の仕事に携わりたい」という想いを追いかけています。

「子どもたちに生きる楽しさを伝えたい」というビジョンに共有してくれている仲間とともに「タイムコーディネート」という概念（58ページ参照）を通して、心地よい時間の使い方で人生を豊かにするサポートをしています。

そして、「子どもたちに生きる楽しさを伝えるためにも、まずは大人が楽しもう！」と、老若男女問わず、延べ3000名以上にタイムコーディネートを指南してきました。

私は、行動スピードが特段速いわけでも、ずば抜けた能力があるわけでも、特別優秀なわけでもありません。ただただ、目の前のことをやってきただけです。

ただ、一点だけポイントがあります。

それは「やりたいことという漠然としたものを現実の一歩に落とし込む」ことです。**ビジョンから長期目標へ、長期目標から短期目標へ、短期目標から今日やることへ。この棚卸しが夢を叶える肝と言えます。**つまりは、分解時間術です。

誰もに平等に与えられた1日24時間という財産は、どう使うかでその価値が変わります。自分が時間のコントロール権を持って、主体的に生きていくべきです。

分解時間術で、まずは行動の一歩を。そして行動の継続で、目標や夢を叶え、人生を豊かにしていきましょう。

吉武　麻子

目標や夢が達成できる　1年・1カ月・1週間・1日の時間術●目次

第2章

1年目標の分解計画術

（1年目標↓3カ月目標）

第3章

1カ月目標に分解する（3カ月目標↓1カ月目標）

第4章

1週間・1日の目標に分解する（1カ月目標↓1週間・1日目標）

第5章 計画が思うように進んでいないときは

第6章 計画を振り返る

第7章 目標達成に効果的な手帳の使い方

◎カバーデザイン 菊池祐（ライラック）
◎本文デザイン 二ノ宮匡（nixinc）
◎DTP 佐藤純（アスラン編集スタジオ）
◎校正 鴎来堂

第1章

目標達成は計画が8割

1 時間管理は自己流がほとんど

子どもの頃から、さまざまな場面で目標を聞かれた経験はありませんか？

試験勉強やクラブ活動で「目標は？」と聞かれ、「5教科平均80点以上」「〇〇大学合格」「地区大会優勝」など、なんとなくそれらしい目標を立ててきたと思います。

しかし、ほとんどの人が、**目標の立て方や、目標を達成するための計画の立て方を、学校で教わったことがないでしょう。**試行錯誤しながら自分流の計画術をあみだしたり、とにかく量をこなすことで目標達成に近づいていったはずです。

目標があって、行動をするのは自分。しかし、過程の計画については学校の先生や塾の講師、部活の顧問から言われた通りにこなしていた人も多いと思います。私もそうでした。

そんな粗削りな計画でも目標を達成していけたのは、体力があったからというのはもちろんですが、それに加え、10代までは24時間の多くを自分のために使うことができた、というのも1つの大きなポイントです。わざわざ時間を生み出さなくても、時間は目の前にあったのです。

当時は時間管理なんてさほど気にしなくても、目標達成に向けて動ける時間を私たちは持っていました。

しかし、**大人になってみると、10代と同じような体力はなく、目標のために動ける時間は限られるようになりました。**だから粗削りな計画ではすぐに計画倒れとなり、結果的にガムシャラにやってなんとかする、という方法にたどり着いた人もいるはずです。

このように、**計画の立て方、時間の使い方が自己流だと、行動量で切り抜けることになりかねません。**

目標達成したければ、夢を実現したければ、行動量はもちろん必要です。しかし、やみくもな行動は自分にムチ打つだけで、いずれ自分の首を絞めることになります。

せっかく目標や夢のために動きだしても、途中で止まってしまいます。

大事なことは、目標を立てることではなく、目標達成までの計画の立て方、もっと言えば、時間の使い方です。目標が達成するまで、夢が叶うまで、自分が動き続けられる行動計画を立てることが重要なのです。

時間管理が苦手、目標計画が苦手、タスク管理が苦手という方は、がんじがらめに縛られているような気持ちになるのかもしれません。

「やらなくては」という気持ちが重くのしかかり、手帳やタスクリストを見ては「やらなきゃいけないのはわかっているけど……」と行動の一歩がなかなか踏み出せず、そんなできない自分にまた、ため息が出る……というように。

「だから計画もやることも細かく決めたくありません！」と言う方がいます。私も分刻みで計画を立てるのは苦手なので、気持ちはよくわかります。

しかし大事なことは、目標や夢、やりたいことが実際に実現しているかどうかです。

もしも今の状態で、目標が達成しているのであれば、何の問題もありません。細かく決めないほうが、自由にのびのびと進められる人もいるので、その場合はこの本を閉じて、むしろ今のまま突き進んで欲しいと思います。

逆に**「細かく決めるのは苦手だからやらない」、だけど「目標が達成しているわけでもない」という人は、時間の使い方を見直す**ことを強くおすすめします。まずはそもそもの大前提を疑って欲しいのです。

人間はもともと怠け者です。

よく「こんなこともできないなんて自分はダメだ」なんて言う人がいますが、それは自分を買いかぶりすぎです。できなかったのではなく、動けるように準備ができていなかっただけのことです。人は誰しも準備さえすれば、動きだせるのです。

目標が達成するまで、夢が叶うまで、自分が動き続けられる行動計画を立てましょう。

では早速、そのために必要な要素を見ていきます。

チェックリスト

- □目標達成できるかどうかは、計画の立て方、時間の使い方にかかっている
- □目標達成したいなら、無理なく動き続けられる計画を立てる
- □10代と同じ時間的余裕、体力はない。今の自分に合わせた計画が必要
- □達成したいことがあるのに進んでいないと感じるなら、時間の使い方を見直す

2 目標達成するために必要な3つの要素

目標や夢を実現するために必要なものを想像してみてください。

もしも、「根気」「やる気」「モチベーション」などのワードを思い浮かべたなら、これまで自分にムチ打つがんばり方で目標や夢に立ち向かってきたかもしれません。

私たちは年を重ね、社会とのかかわり方の幅が広がるほど、役割が増えていきます。会社や家庭の中でもそうです。

そうすると、純粋に目標や夢の実現のために使える時間が限られてきます。限られた時間の中で成果を出していくためには、行動量ややる気にだけ頼るのは危険です。

そこで、それらにだけ頼らずに済む、目標達成するために必要な3つの要素を紹介します。

〈目標達成するために必要な要素①〉

達成したくて仕方がない「目標」

まず必要なのは、どうしても達成したい「目標」です。

あなたの目標は、本当に心からやりたいことですか？

そして行動しているとしたら、それは本当に心からやりたいことにつながる通過点となっていますか？

あなたは今、次の３つのうち、どの状況でしょうか？

①やりたいことを「これです！」と自信を持って言える

②やりたいことの領域には入っていて、近いところまではきているけど、まだ「これです！」とは言いきれない

③やりたいことはよくわからないけど目標が第三者によって決められている。甘いことは言っていられないので、とにかく目の前のことをやらなければと考えている

①の場合は、これから目指すゴールが明確なため、行動計画を立てることも難しく

● 目標を達成するために必要な3つの要素

達成したくて
仕方がない
目標

実行可能な
計画

未来を変える
今すぐの
行動

ありません。

②の場合は、やりたいことが弓道でいう的《まと》には当たっている状態です。ここからは、的の真ん中を目指していきましょう。この場合、頭で考えるよりも、さまざまな経験をすることで、自然とやりたいことの真ん中に向かっていきます。短期目標を立てながら、経験を積んでいきましょう。

③の場合は、視点の転換をおすすめします。「やらなければ」というのは、ブレーキを踏みながらアクセルを踏んでいる状況です。詳しくは39ページ「3日

標を立てても達成できない3つの理由」で解説します。

自分が①〜③の中でどの状況か、把握できましたか？

どの状況であっても、やることは「動きだすこと」なので変わりはありません。動かなければ現実は何も変わらないからです。**自分の状況を把握しておくことで、自分が動く意味や目的、方向性を見失わずに済みます。**

会社で決められた目標に対しても、個人の目標にまで分解していきます。

ある研修では、会社全体として掲げる年間目標に対して、各部署がその目標をどのように達成していくか落とし込み、個人としてどのようなことで貢献していくかを考えてもらいました。

その際には、会社がなぜその目標を立てるのかという理由や背景を代表者に話してもらい、研修に参加したメンバー全員で共通認識を持ってもらいました。単に数字目標を追うのではなく、「会社も社員も顧客も三者すべてが豊かになるため」という大きな視点で動くことができるからです。

会社が掲げる目標に対して、淡々とこなしていくこともちろん大事です。でも、**どうせ動くのであれば、その目標に対して自分が手綱を握って、会社の目標を達成しながら、自分もどう成長していくかを考えてみるといいでしょう。**

会社の目標実現の過程で自分のやりたいことにチャレンジしてみるもよし、初めてのことにチャレンジするもよし、あえて苦手なことに取り組むもよし。

会社の目標に対しても、自分の意志で個人目標を考えてみましょう。

ざっくりとした目標があるのであれば、その**目標が実現したあとの自分の姿を描いてみてください。**

例えば、「資格試験に合格する」というような目標を立てたとします。その合格した未来の自分を、ぜひ想像してみてください。

「どうなりたいか」ではなく、「どうありたいか」で考えるのがポイントです。

「昇進した」「給料が上がった」「友達にすごいと言われた」。このような回答は、目標達成後の目に見える「結果」です。

目標を設定する上で、この目に見える「結果」を具体的にしていくことは確かに大事ですが、所得、地位、名誉などで得た幸せは、長続きしないと言われています。

これは、幸福学の第一人者である前野隆司教授の『幸せのメカニズム　実践・幸福学入門』（講談社）に詳しく、わかりやすく解説されています。


また、経済学者のロバート・フランクが作った「地位財」「非地位財」という考え方もあります。

「地位財」とは、周囲との比較により満足を得られるもの。つまりは、所得や社会的地位、物的財など、周囲と比較できるものです。地位財は、個人の進化・生存競争のために重要で、短期的な幸福をもたらします。

一方、**「非地位財」とは、他人との相対比較とは関係なく、幸せが得られるもの。**つまりは、健康、自主性、自由など、他人が持っているかどうかとは関係なく喜びが得られるものです。非地位財は、個人の安心・安全な生活のために重要で、長期的な幸福をもたらします。

● 地位財と非地位財

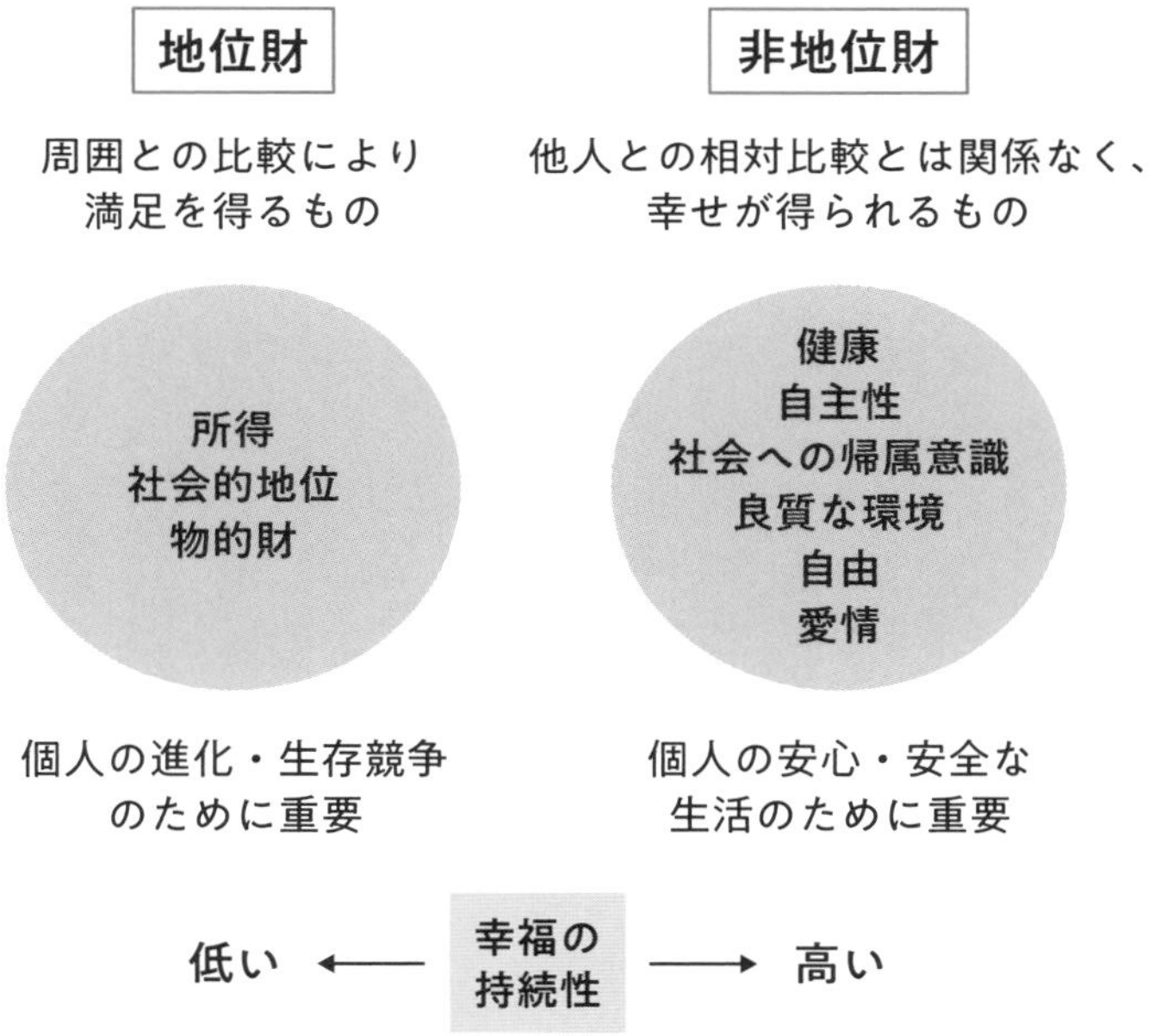
地位財
周囲との比較により
満足を得るもの
所得
社会的地位
物的財
個人の進化・生存競争
のために重要
非地位財
他人との相対比較とは関係なく、
幸せが得られるもの
健康
自主性
社会への帰属意識
良質な環境
自由
愛情
個人の安心・安全な
生活のために重要
低い
幸福の
持続性
高い

所得や地位、名誉など**「地位財」は、短期的幸福を得られても、次、また次、と追い求め続けることになります。**これを「快楽のランニングマシン」と言うそうです。

それは、誰かと戦い続けることを意味します。誰かと戦って、勝った結果、「地位財」を得られるからです。しかし、得られたとしても、そのあとも足りないものを埋める感覚で、いつまでも戦い続けるのです。

そんな未来を想像しただけでも、どっと疲れませんか？

これでは、目標を達成すること、夢を叶えること自体が「辛い」、と脳が認識してしまいます。

それだけではなく、目標を達成するまでの過程も、自分で自分のお尻をたたく「作り物のエネルギー」で車輪を回していかなければなりません。

そうなると、何のための目標や夢なのか、わからなくなってしまいます。

ほとんどの人は、限られた人生を戦いで終えたくないと思っています。

そうならないために大事なことは、**具体的な目標を掲げるときに、目標達成時に「どんな自分でありたいのか？」を描くことです。**もっと言えば、「何を大事に生きていきたいのか？」の答えにつながる目標になっていることです。

例えば、資格試験に合格し、それがきっかけとなり、昇進したとします。そのとき、自分がどうありたいか？

- 昇進したおかげで、本当にやりたい業務に携われるようになる
- 昇給もしたので家計に少し余裕ができ、家族で毎週末外食をして、家族みんなで会話を楽しむ時間が増える
- 40代は仕事に打ち込む。50代にはセミリタイアして、妻と移住することも検討中。資格取得は、独立を検討する上でもプラスになる

このように、**目標を達成したときの自分、達成したあとの自分を想像するのです。**

そうすることで、終わりのないランニングマシンを走り続けるのではなく、自分の

生きたい人生を自分で舵取りして実現していくことができます。

すると、目の前の目標も「やらねば」ではなく、「達成したい！」「達成したくて仕方がない！」という気持ちで向き合えるのです。

達成したくて仕方がない「目標」になれば、「作り物のエネルギー」ではなく内側から、やりたくて仕方がない「本質のエネルギー」でスイスイと動いていくことができます。

会社の場合は、部署やチーム内でいいところを伝え合うポジティブフィードバックをするといいでしょう。

すごいと思うこと、感謝していること、尊敬していること、客観的に見てその人が得意だと思うことなど、業務に関することに限らず、人として素晴らしいと思う点を本人にフィードバックしていきます。

日本では謙遜の文化があるので、受け取り下手さんが非常に多いです。私が研修をする際も、皆さん恥ずかしそうにされています。しかし、実際にこのワークをすると、講義中の真剣な表情とは打って変わって、全員口角が上がって嬉しそうに話をされています。

自分の強みを自分で把握できている人や、強みに自信を持っている人は、実はあまり多くありません。**普段一緒に仕事をしている人からフィードバックを得ることで、自分がどんなことで役立てるのか具体的に把握できます。**

すると、会社の目標、部署・プロジェクトチームの目標と分解した上で、その目標に対して個人目標を主体的に考えることができるのです。

〈目標達成するために必要な要素②〉
実行可能な「計画」

達成したくて仕方のない目標の大切さを理解したら、次は達成するまでの道のりを明確にしていきましょう。

計画通りに進められると、人間は達成意欲を自分で満たすことができます。そうすると、次への行動意欲に結びつき、もっと達成したくなります。すると、「作り物のエネルギー」は必要なくなり、スイスイと行動できるようになるのです。つまり、行動の継続につながります。
そのため、実行可能な計画を立てることは、目標達成する上でとても重要です。

目標を最初に立てるときの自分を思い浮かべてみてください。

人は目標を立てるとき、とてもやる気がみなぎっています。つまり、自分のベストな状態で計画を立ててしまうのです。

だから実際に動いてみたら、予定通りに進まない、次の日に持ち越し、まったく計画通りにいかない、という結果になってしまうのです。

皆さんもこのような経験はありませんか？

せっかく気持ち新たに目標を立てたとしても、地に足ついた計画でなければ、気持ちもだんだんしぼんでいってしまいます。

計画通りに進んでいないことで「もういいや」と投げやりになってしまったり、「今日もまた予定通りに進まなかった」と自己嫌悪に陥ったり、「やっぱり無理なんだ」と自己否定をしてしまったり……。

● 実行可能な計画にしないと負のスパイラルへ

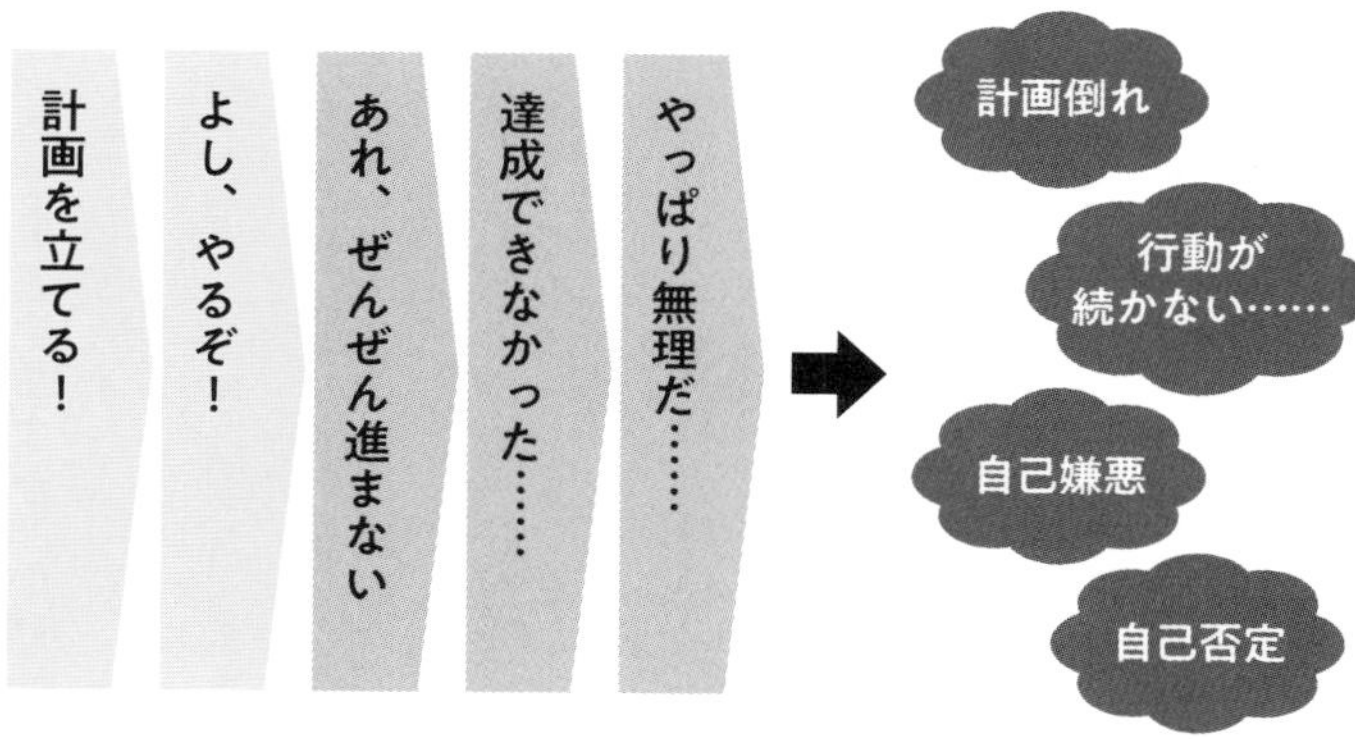
計画を立てる！
よし、やるぞ！
あれ、ぜんぜん進まない
達成できなかった……
やっぱり無理だ……
計画倒れ
行動が続かない……
自己嫌悪
自己否定

あなたに問題があるのではなくて、ただ見積もり時間が甘いだけ！

これは、あなた自身に問題があるのではなく、ただただ、かかる時間を予測していなかった、もしくは、かかる時間の読みがはずれただけの話です。

最初から、正確に時間を予測することは簡単ではありません。しかし、実現可能な計画の立て方があります。それを習得すればいいだけです。

その実現可能な計画の立て方については、第2章以降で詳しく説明します。

実現可能な計画とは、短期的視点で見ると、まさに予定通りに進めら

れる計画のことを言いますが、中期的視点、長期的視点でもチェックしていく必要があります。

中期的視点というのは、目標達成まで自分が行動し続けられる計画かどうかということ。そして長期的視点は、後悔しない人生につながる行動計画かどうかということです。

どんな人生を生きたいか？　自分がどうありたいのか？　これをここでは「ビジョン」とします。

このビジョンから「長期目標→中期目標→短期目標→目の前の目標」とすべてがつながっていることが重要です。

だからこそ、今の目の前の目標が、自分が叶えたい生き方につながっているのかを確認しつつ、目標達成に向けて動いていくことが大事です。

自分の価値観を大事にしながら、時間管理や計画術、習慣化等のテクニックを取り入れて行動していくことが、人生を豊かにする目標達成の方法と言えます。

論理的思考と非論理的思考をバランスよく取り入れて、目標や夢を実現していきましょう。

● 長期目標から目の前の目標へ

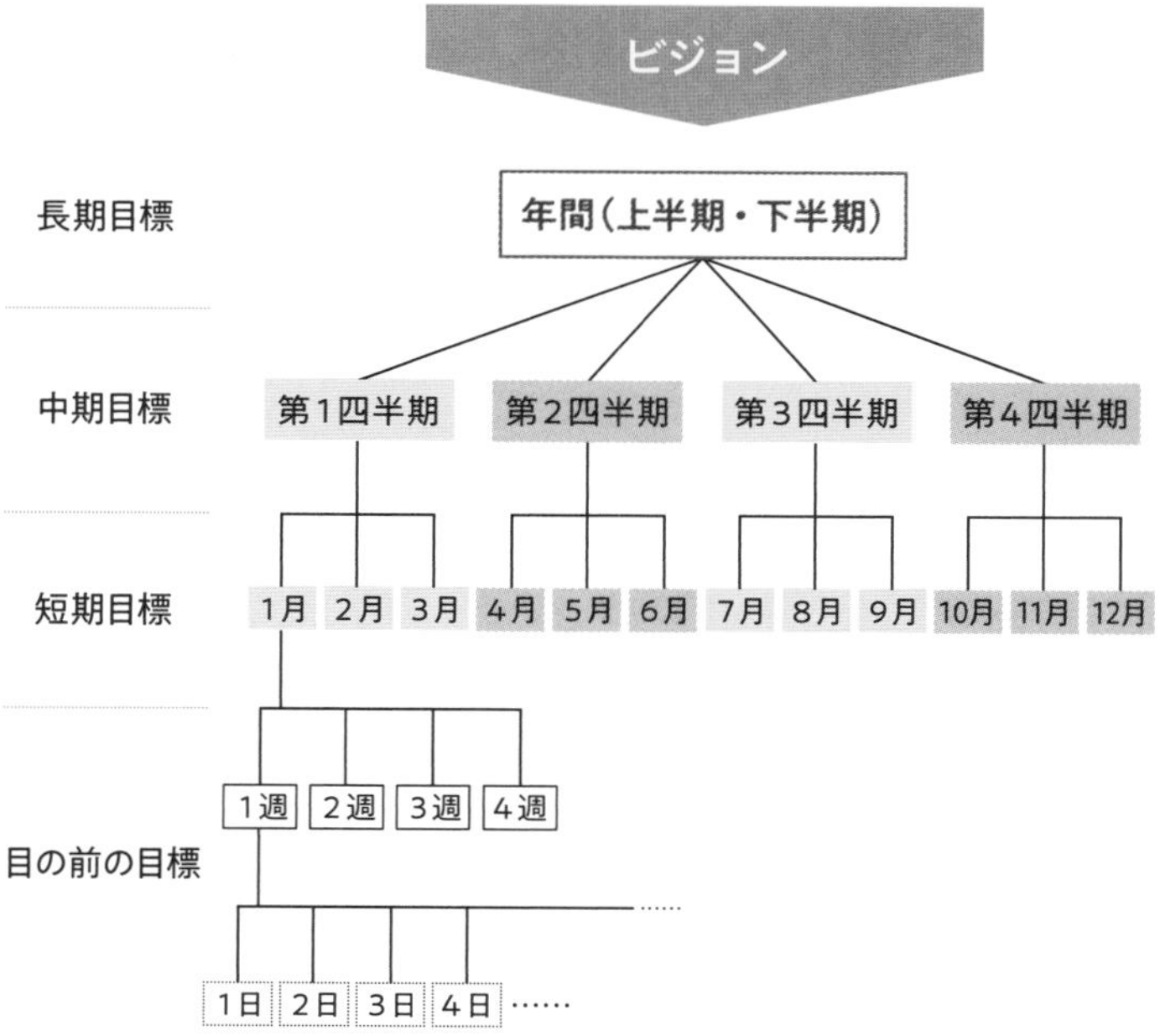

〈目標達成するために必要な要素③〉

未来を変える今すぐの「行動」

目標や夢は今すぐ実現できるものではありませんが、未来を変えられるのは今すぐの「行動」です。まずは、自分がどういう状態であれば一歩踏み出せるのか、考えていきましょう。

自転車のこぎ始めが一番パワーを使うように、行動も初めの一歩が一番パワーを使います。「動き始めさえすればできるのに」という経験は誰しもあると思います。最初の一歩となる行動を小さくしておけば、その分、軽やかに動き始めることができます。

ところで、**20秒ルール**をご存じですか?

20秒ルールとは、ハーバード大学のショーン・エイカーが『幸福優位7つの法則』(徳間書店)で紹介している習慣化テクニックの1つです。

人間は取りかかるまでに手間がかかることを先延ばしにする傾向があることから、

よい習慣を増やしたいときは、その行動をするのにかかる手間を20秒だけ減らすといいと書かれています。

ショーン・エイカー自身も、朝起きてジムに行くことを習慣づけるために、トレーニングウェアを着て寝ることで、家を出るまでの手間を20秒減らしたそうです。

読書をする場所に本を置いておく、ノートを常に開きっぱなしにしておくなど、20秒ルールはどんなことにも応用可能です。

私も今、この本の原稿を書いていますが、「執筆」という大きな行動のままでは登る山が高すぎて、どうしても一歩が出ません。「毎日３０００字書く」というのも、行動の一歩としては大きすぎます。

ところが、「前日までに、明日の朝、書き始める1文をノートにメモしておく」「起きたらすぐにパソコンの電源をつける」「パソコンを開いてWordを開く」「前日に書き出しておいた1文を打ち込む」くらいの小さな一歩にしておくと、そのあとは特にアクセルを踏み込まなくても、タイピングが進んでいきます。「よっこらしょ」と重い腰を上げずに済むのです。

目標や夢に向かって行動をするために、まずは小さな行動にして一歩を踏み出す。あわせてそれを毎日の習慣にしていけば、目標に向かって行動し続けることができます。

チェックリスト

- □目標達成したときの自分を想像する
- □自分の想像した未来へつながる通過点となっていることに取り組む
- □計画倒れしない実現可能な計画にする
- □目標や夢に向かっての一歩をすぐに踏み出す

3 目標を立てても達成できない3つの理由

目標を立てても達成できない理由も見ておきましょう。先ほどの目標を達成するために必要な3つの要素と対で覚えておくと、より意識して実践に落とし込むことができます。

〈目標を立てても達成できない理由①〉
「やらねば」マインド

目標を前にしたときの気持ちが「達成したくて仕方がない」と「達成しなければ」では、どちらが目標に向かって動き続けることができるでしょうか?

「達成したくて仕方がない」というのは、自分の心からの願望なので、アクセルを踏んで進むイメージです。

一方「達成しなければ」というのは、その裏にはいろいろな葛藤があり、ブレーキを踏みながらアクセルを踏んで進むイメージ。後者は負荷がかかっているので、いつ行動が止まってしまってもおかしくありません。

やりたいことや目標、夢があったとしても、それを前にしたときに「やらねば」という気持ちになったときは要注意です。

「やらねば」と思ったときは、そう思う背景を紐解いていきましょう。

例えば、稼がなきゃいけないから、資格試験を受けなきゃいけないからなど、自分ではなく、世間一般論や会社を含む、自分以外の誰かに決められたことを目標にしていませんか？

あるいは、こっちのほうが稼げるから、資格を持っていたほうが転職に強いからなど、条件面から目標を設定していたりしませんか？

もちろん、きっかけとしてはそれで問題ありません。人は「今の状況から脱したい」「なんとなく、このままじゃいけない気がする」という気持ちがきっかけとなって、動き始めるものです。

しかし、いつまでもこの状態で目標に向かって走り続けるのは危険です。なぜなら、

● 目標を立てても達成できない３つの理由

「やらねば」マインド

甘すぎる見積もり時間

大きすぎるタスク

自分の気持ちを置いてきぼりにしているからです。

常に自分のお尻を自分でたたく「作り物のエネルギー」。これは、初めの瞬発力にはなっても、継続力にはなりません。

「転職するためには資格試験に合格しなければいけない」ではなく、自分を主語に置き換えていきましょう。

例えば、「これまで培ってきた経験を活かして、A社に転職してスキルアップしたい。A社への転職には、資格を持っていることが必須条件。だから9月にある試験に絶対合格する」といったように、**主体的に目標を設定し、計画を立てていくことが重要です。**

「やるべき」「やらねば」の背景には、こんな気持ちが隠れているかもしれません。


「やるべき（なのはわかっているけど、不安なんだよなぁ）」

「やるべき（なのはわかっているけど、本当はやりたくないんだよなぁ）」

「やるべき（なのはわかっているけど、できないんだよなぁ）」


不安な気持ちが隠れているのであれば、その不安を言葉にしていきましょう。

本当はやりたくないという気持ちが隠れているのであれば、どうしてやりたくないのか？　本当にやりたいことは何か？　後悔しない人生になるか？　など、さまざまな角度から問いを立ててみましょう。

できないと思うのであれば、なぜそう思うのか？　と自問してみると、解決の糸口が出てきます。できない理由を具体的に把握することで、何をすればいいのかが見えてくるのです。

先ほどからお伝えしている通り、「達成したくて仕方がない」状態は、興味・関心といった「本質のエネルギー」が源泉なので、モチベーションを保ちやすくなります。つまりは、行動を続けやすくなるのです。

逆に**「やらねば」が行動の起源だと、悪循環に陥りやすくなります。**先述の通り、ブレーキを踏みながらアクセルを踏んでいる状態なので、行動が止まりやすくなるのです。

「やるべきことがあるけどできない……」

←

「とにかくやらねば」と自分を奮い立たせてやろうとする

←

マイナスの感情が膨らみ、「明日やろう」と先延ばしになる

←

「今日もできなかった」と、できない自分を責める

これでは、とてももったいないですよね。「やらねば」と思った時点で、その気持ちがどこからきているのか分解してみてください。

〈目標を立てても達成できない理由②〉
甘すぎる見積もり時間

実行可能な計画を立てるということは、実際行動するときに、予定と誤差なく進められる計画を立てるということです。つまりは、何にどのくらい時間がかかるのか、見積もり時間をある程度正確にしていく必要があります。そのためには見積もり時間を書き出し、実際にかかった時間との誤差を知っておく必要があります。

たいていの人は、実際にかかる時間より少なく見積もって、「まだ終わらない！」と時間に追われる状況を作り出しています。

見積もり時間を立ててなかったり、立てた見積もり時間が甘すぎたりすると、結果的に計画倒れが生じ、夢半ばで行動も止まってしまいます。

また、目標に直結する行動の見積もり時間を出せばいいということではありません。例えば、資格試験の勉強時間を確保しなければいけない人が目の前にいたとしたら、私はまず「残業せずに就業時間内で仕事を終わらせるようにしましょう」とアドバイスをします。

目標である資格試験合格に向けて、試験勉強の時間を何よりも死守しなければいけないからです。しかし、ただ残業しなければいいという話ではありません。

「やろうと思っていた業務がその日のうちに終わらなくて、でも残業はできないから、残った業務は明日やろう」ということが解決策ではないということです。

「やろうと思っていたことが終わらなかった」という事実は、思っているよりも自分にダメージを与え、そのあとの時間の使い方に支障をきたします。

「できなかった」とネガティブな感情を引き起こす確率が高くなるからです。しかも終わらなかった業務のことが気になって、終業後も頭を切り替えられません。

逆に言うと、効率よく業務を行い、且つ、自分が立てた計画通りに遂行できると、気持ちよく次に切り替えることができます。

仕事時間をどう過ごすかは、資格試験勉強とは一見関係ないように見えて、実は深くかかわってきます。

私たちはさまざまな役割を抱えていると、本章の第2項でお伝えしました。だから、**夢の実現に向けて動ける時間以外の時間も整えていくことが重要です。**そうすることで、夢の実現にかけられる時間価値が上がります。

見積もり時間を甘く見ず、ある程度正確な見積もり時間を出せるようになり、実現可能な計画を立てられるようにしていきましょう。

〈目標を立てても達成できない理由③〉
大きすぎるタスク

目標とする山が高いと、パワーがみなぎる人がいる一方で、多くの人は取りかかる前にエネルギーを消費してしまいます。

Aさんは「あれやらなきゃ」と頭にはあるけれど、なかなか手をつけられずにいました。

「あれやらなきゃ」と常に頭の片隅にある状態の「あれ」。いったい何でしょうか?

Aさんに、「その『あれ』を片付けるのにどのくらいかかりそうか?」と質問をしたら「20時間くらい」と答えが返ってきました。

しかし、「あれ」という不明瞭なものを、いざ行動ベースで細分化して、かかる時間の見積もりを立ててみると、8時間で終わる内容だったのです。おおざっぱな予測と、行動を細分化して出した予測とでは、12時間もの差が出ました。

つまり、タスクの山を自分の中で大きく捉えてしまい、取りかかるまでにものすごくエネルギーを消費していたのです。

やらなければいけないことなのに手をつけられず、頭の中にずっとその存在が残っている状態だと、結果的に他のことも集中できず、何もかもが中途半端で、悶々と時間を過ごしてしまいます。パフォーマンスを下げてしまうのは、もったいないですね。

頭の中を支配している「あれ」を具体的な行動ベースで分解すると、道筋も、かか

る時間も想定できるので、迷いなく動き始めることができます。

もしもなかなか行動に移せない場合は、大きい山を登りきるための具体的行動を順序立てて書き出してみてください。実際に自分が動いていることを行動ベースで想像しながら、具体的に書き出します。これを**ビジュアライゼーション**と言います。

こうすることで、行動に移せる可能性が高くなります。

チェックリスト

- □自分を主語に目標を立てる
- □本当にできるのかという不安な気持ちで取り組まない
- □何事も取り組む前に「見積もり時間」を書き出す
- □見積もり時間と、結果的にかかった時間の誤差がどれくらいあるのか、記録を取る
- □大きいタスクをやりきる過程を、具体的行動で書き出す

4 目標達成は「ＤＯ」ではなく「ＰＬＡＮ」で決まる

ＰＤＣＡサイクルという言葉はご存じの方も多いでしょう。ＰＤＣＡは、ＰＬＡＮ（計画）、ＤＯ（実行）、ＣＨＥＣＫ（検証）、ＡＣＴＩＯＮ（改善）の頭文字を取ったもので、継続的な業務の改善を促す手法です。計画から改善までの一連の流れを繰り返し実行することで、業務効率を高めることができます。

このＰＤＣＡは業務改善だけではなく、個人的な目標達成にも活用できるフレームワークです。

現実を変化させたり、夢を叶えたりするには、行動、つまり「ＤＯ」が何よりも大事です。動かなければ何も変わりません。

ただし目標達成や夢の実現には、やりきるための行動が重要であって、続かなければ意味がありません。だからこそ、**続けるための行動計画、そしてその計画を遂行す**

るための時間の使い方が重要なのです。

第1章のタイトルでもある「目標達成は計画が8割」の意味は、計画に時間や労力を8割かけるという意味ではありません。

また、細かく、細かく計画を立てて、完璧な計画を立てるという意味でもありません。

行動計画は、自分が行動を続けられるように、8割程度の精度で立てるということです。細かく計画を立てすぎて、1つでも計画通りにいかないことがあったら行動が止まってしまうようなものは、むしろ危険です。

初めの一歩を踏み出せて、動き続けることができるのであれば、正直なところ計画は細かすぎなくていいのです。

計画を細かく立てすぎる人は、タスクを細かくすることや、いつ何をすると決めることに労力をかけてしまっているがゆえに、自分の首を絞めています。

言葉を選ばずに言わせていただくと、計画だけは立派で、現実味がないのです。

● PDCAサイクル

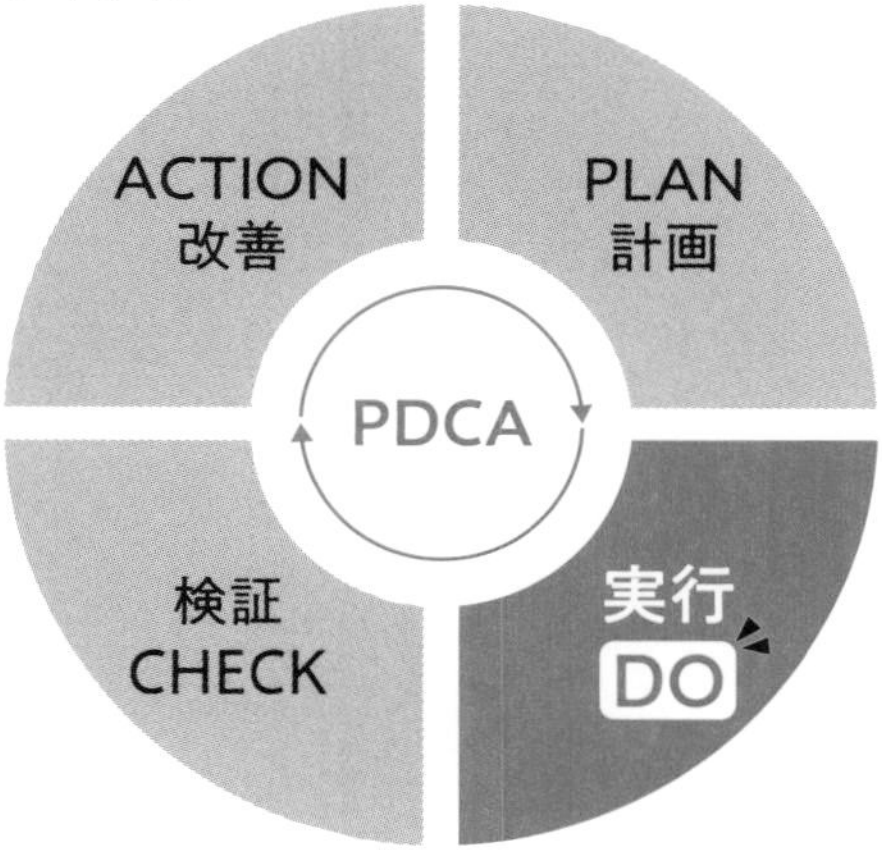

私たちは人間です。AIとは違い、感情があります。そのため、時間の使い方にムラが出るものです。そのことを配慮していない計画は、無残にも砕け散ります。

AIに工程をセットするように、人間にセットしても、そこに自らが動く喜びはなくなります。「やりたい」ではなく「やらねば」になってしまう典型例とも言えます。

科学的根拠のある時間管理のテクニックを理論的に取り入れていくことも、もちろん大事ですが、私たちはAIではないということを忘れないでください。

自分の感情を抑え込んでいたら、行動は止まります。無理し続けたら、体も心も壊れてしまいます。

一歩を踏み出せるくらいタスクを細かくする必要はありますが、それはあくまで最初の一歩です。すべてを細かくしなくても大丈夫です。**細かくたくさんのタスクを書き出せば書き出すほど、「やることがこんなにもあるのか」とため息をつく人が多いのも現実です。**

大事なことは、「何のために今、動こうとしているのか」を忘れないことです。

逆に、計画がざっくりしすぎていても行動は続きません。短期目標をただ置くだけ置いて、タスクを書き出せばいい、というわけではないのです。

- **何のためにこの目標を置くのか？**
- **これが最短最速で目標を達成する方法なのか？**

・優先順位はこの順番でいいのか？

このように、目標の立て方、時間の使い方には、目的意識と客観的視点が必要です。**「DO」をスムーズにできるようにするための「PLAN」と考えてください**（第2章以降で具体的な計画の立て方を説明していきます）。

いくらテクニックの知識だけ持っていても、うまく使いこなせなければ意味がありません。難しく考えすぎず、自分にとっての心地よいプランニング力をつけていきましょう。

チェックリスト

- □計画を細かく立てすぎて、その時点で疲弊しないようにする
- □計画がざっくりしすぎて、ゴールをあいまいにしない
- □目標達成するための行動をしやすい計画を立てる

5 「大」から「小」への分解計画術で目標は達成できる！

目標達成に向けて動き続けるためには、目標も時間もタスクも分解していくことがカギとなります。

（1）目標を長期・中期・短期に分解する

時間をかけても成し遂げたい「長期目標」を立てるのが得意な人もいれば、あまり遠い未来より目の前の「短期目標」を立てるのが得意な人もいます。実は、**長期目標も短期目標も両方ともセットしていると、人生の満足度が上がります。**

長期目標だけだと目標が大きすぎて、今何をやればいいのかわからず、現状何も変わらない可能性が高まります。逆に短期目標だけだと、その日暮らしになって、目の前のやることに追われて時間が過ぎていくことになりかねません。

目標は大きくてもいいので、まずは描いてみて、そこから分解していく。もしくは、今目の前のことを描いたら、積み重なった先を想像していきましょう。

目標を立てるときは、常に「いつまで」をセットにします。期限が決まることによって、人は行動します。

期限は、3～5年、1年、3カ月、1カ月、1週間、1日でセットします（35ページの図参照）。期間が長ければ長いほど、明確に思い描くことが難しいものです。時間を分解していくことで、現実的な目標、具体的な行動タスクにしていきます。

（2）タスクを分解する目的

タスクを分解する目的は、①心理的負担を減らすため、②正確な見積もり時間を割り出すため、③行動の一歩をすぐに踏み出すため、の3つがあります。

①心理的負担を減らすため

人は、越えるべき山が大きいと、それだけで「取りかかりたくない」という心理が働きます。そのため、具体的行動ベースで想像することが大事です。

②正確な見積もり時間を割り出すため

見積もり時間と結果時間の誤差が大きくなるほど、実行可能な計画ではなくなり、モチベーションも下がり、さらには自己否定にもつながります。誤差を少なく、現実的な見積もり時間を割り出せるようになると、それが自信にもつながります。

③行動の一歩をすぐに踏み出すため

何度も言っているように、行動しなければ現実は何も変化しません。その一歩を踏み出すことがとても重要です。一歩さえ踏み出せれば、そのあとの行動につながります。そのためにも、自分が一歩を踏み出しやすいタスクの大きさにしていきましょう。

チェックリスト

□目標、時間、タスクを分解し、行動しやすいようにする

第2章

1年目標の分解計画術

（1年目標↓3カ月目標）

1  目標を立てる前に時間の土台を整える

「目標」「時間」を分解していく前に、私がお伝えしている「タイムコーディネート」について少しお話しさせてください。

「コーディネート」とは、ファッションやインテリアなど自分が好きで心地よくなるものを選び、組み合わせ、全体の調和をはかる際に使う言葉です。

それをヒントにして名付けた「タイムコーディネート」は、「時間も『管理』『効率化』だけではなく、人生を充実させるために選び、使うことが当たり前の世の中になって欲しい」という願いを込めた時間の使い方の概念です。

仕事や目標達成にかける時間だけを見て時間管理するのではなく、人生の一部分だということを意識して、時間の使い方を整えて欲しいのです。そうでないと、時間と上手に付き合っていくことはできません。

だからこそ、どう生きたいかをまず自由に考えて、それをできればノートなどに書き出してください。

ただ、「どう生きたいかなんて壮大すぎて考えられない」「なんだか高尚なことを書かなきゃいけない気がする」という人や、「目標達成の方法だけ教えてくれればいいのに、なんで生き方なんて考えなければいけないのか」と嘆いている人がいるかもしれません。

でも、難しく考える必要はありませんし、具体的に、明確に、生き方を書き出す必要もありません。

それでもなぜ生き方について考える必要があるかというと、自分の価値観や生き方から逸れた目標は、自分に負荷をかけることになるからです。自分にムチ打つがんばり方になって、結果的に行動が止まってしまうのです。

だからこそ、**生き方と目標にずれがないか確認するために、まずは生き方について考える必要があるのです。**

また、目標に向かって目の前のことをこなしていると、私たちはだんだん近視眼的になっていきます。

成果というのは、1日で出るものではありません。1日1日の積み重ねが、大きな成果となって現れます。

それを頭ではわかっていても、毎日コツコツやっているのに手ごたえを感じられないと、「本当にこれで大丈夫なのだろうか?」と自分を追い込んでしまいます。

そんなときは「何のために今これをやっているのか?」と、そもそもの目的に視点を向けて欲しいのです。

何のためにがんばっているのかという目的意識を見失うと、燃え尽き症候群を引き起こす可能性が高まります。

燃え尽き症候群とは、意欲や熱意を持ってがんばっていた人が、燃え尽きたように突然やる気を失ってしまうことです。

目標や夢に向かってせっかく意欲高くがんばっていたのに、これではもったいないですよね。そうならないためには、目的意識を思い出すことが有効です。

・どう生きたいのか？
・後悔しない人生とは？
・大事にしている価値観は？

これらの言葉が、自分へのエールとなり、指針となります。

目標や夢を叶えるため、実現するためにというよりは、気持ちがついてこないときに立ち返るために、言葉にしておいて欲しいのです。立ち返ることで、再び進んでいくエネルギーになります。

これらの言葉を本書ではわかりやすく「ビジョン」と呼びます。しかし、まとまった文章や言葉になっていなくても構いません。箇条書きや単語の状態で大丈夫です。

例えば、次のような感じです。

・家族がみんな健康で元気
・自分の好きなこと、且つ使命感を感じることで社会貢献

• 一度きりの人生、とにかく楽しむ

目標達成や夢の実現において大事なことは、きれいに言葉をまとめることではなく、まずは書き出して、それを自分で認識することです。きれいな言葉には、いずれしていけばいいと、軽く捉えてください。

では、ビジョンからこの1年のテーマを設定していきます。

チェックリスト

□どう生きたいかを言葉にする
□「後悔しない人生とは」を言葉する
□大事にしている価値観を言葉にする

2 1年で成し遂げたい目標を設定する

ビジョンを書き出したら、次は長期目標を考えていきましょう。

長期目標といっても、期間は一般的に1～5年とさまざまですが、私は個人の目標においては、1年目標で十分だと考えています。1年目標でも期間としては長いと思っているくらいです。

理由は後述しますが、1年以上の目標は例えば、「転職する」「独立する」「家を購入する」など、ざっくりとまずは書き出す程度で問題ありません。

目標というより、テーマぐらいに考えておくといいでしょう。目標と考えると「完璧にやらなければ」と頭によぎって、動けなくなる人も多いので、気軽に考えてもらったほうが、むしろいいのです。

ビジョンが「価値観の書き出し」だとすると、**長期目標は「得たい結果の書き出し」**です。

書き出すこと自体に価値があります。

私も「3年後くらいに法人化できたらいいな」「この仕事は3年以内には卒業しているだろうな」とゆるく描いていたものが、1年で実現していました。

私だけでなく、クライアントも「3年後にと描いていたことが半年で実現しました！」「いつかできたらいいなと思っていたことが、この1年ですべて叶っていました！」という方が続出しています。

なんとなく頭の中にあるままだけのものと、つたない言葉でも書き出して視覚化したものとでは、変化の速さに雲泥の差が生まれます。それは、RAS（脳幹網様体賦活系）の機能が働くからです。

RASとは、興味関心を持ったことに対して、脳がその情報を無意識に多くキャッチするフィルターのような役割のことを言います。

例えば、妊娠を意識すると、街で妊婦さんが目に付くようになるとか、車の購入を検討していると、検討中モデルの車が街中で目に入るといった働きが、RASの機能です。

RASの機能をうまく活かして、未来の実現のために必要な情報やチャンスが入ってくるよう、簡単にでいいので1年の目標を書き出してみましょう。思わぬことが、実現のきっかけになるかもしれません。

チェックリスト

- □ビジョンは「価値観の書き出し」、長期目標は「得たい結果の書き出し」
- □1年後にフォーカスして「1年目標」を書き出す

3 長期目標の5つのワナ

先ほど、個人の目標においては、1年目標で十分で、なんなら1年でも期間は長いと述べました。その理由が、この長期目標の5つのワナです。

1つずつ解説していきます。

〈長期目標のワナ①〉

新年の目標は9割忘れる

ある研究によると、**新年に目標を立てて、その目標を年末まで覚えている人は1割に満たなかったそうです。**

そもそも、どうして人は年間目標を忘れてしまうのでしょうか？

それは、目標を立てたとしても書き出していない、もしくは、書き出した目標を見返していないからです。立てただけで満足してしまう人もいるでしょう。

最初は意気揚々と目標達成に向かって取り組み始めたとしても、いずれ日々のやることに忙殺され、行動は止まり、結果的に目標すら忘れてしまいます。

また、目標を書き出して毎日目にしたとしても、実現不可能な目標を設定してしまっては、それこそ達成するはずはありません。


年間目標は、多くの人が新年や新年度のタイミングで立てるのではないでしょうか？

「年が明けて心機一転！」と、やる気に満ち溢れているときに立てる目標は、日々の延長線上ではなく、どちらかというと気持ちが高ぶっていて現状とかけ離れたものにしがちです。

現実的ではない目標を立ててしまうと、最初は勢いよく動きだしたとしても、途中で「やっぱり無理な設定だった」とあきらめ、目標のことを忘れ去ってしまうのです。

〈長期目標のワナ②〉

1年でできることを過大評価しすぎる

1年でできることは限られています。

もともと人間は、かかる時間に関して楽観的に捉える傾向があります。「5日あれば終わると思ったのに！」と、宿題の計画倒れによって最後に苦しむことになる、夏休みの風物詩がまさにそれです。

1979年に、行動経済学者であるダニエル・カーネマンとエイモス・トベルスキーが**「計画錯誤（Planning Fallacy）」**を提唱しました。これは、**計画の達成にかかる時間を実際よりも短く見積もる**傾向のことを言います。

それが1年ともなればどうでしょうか？　余計に、予測と現実に大きな隔たりができるのは当然でしょう。

また、世界的名コーチと称されるアンソニー・ロビンスの名言に「**人は1年でできることを過大評価しすぎる。そして10年でできることを過小評価しすぎる**」という言葉が、あります。

できれば楽な方法で、しかも早く結果を出したいと思うのが人間の性でしょう。「3カ月でマイナス10キロ！」「3カ月でTOEIC900点！」「3カ月で月商7桁！」なんて謳《うた》い文句があるのも、それを魅力的に感じる人が多いからです。

しかし、焦って結果を出そうとしても、現実はそんなに簡単ではありません。1年では難しいのです。でも、10年と続けていたら大きく変化できます。

また、人は今抱えている不満を解消しようと、あれもこれもと1年の目標に詰め込んでしまう傾向があります。不満を起点に目標を立ててしまうと、そのあれもこれもが、実は人生において重要度が高くない場合もあるのです。

例えば、残業が多い会社に不満があったので、「会社を辞めて週3日だけ働いて毎月100万円以上稼ぐようにする！」というような目標を立てて、実行したとします。その結果、毎月100万円以上稼げることを優先したため、自分には向いていない仕事をしなければならなくなったり、残業が多くても人間関係は良好で助けられていたんだと後悔するようなことになります。

せっかく目標を立てても、本当に大事ではないことに追われてしまっては、時間がもったいないですよね。

しかも、**ネガティブ起点の行動は、瞬発力があっても長くは続きません。**だから結局は、何も達成することなく時間だけが過ぎていくという事態に陥りがちです。また、自分の人生（ビジョン）のために本当に達成すべきかどうか自分に問うてみたら、そうでもない場合もあるのです。だからこそ、あれもこれもと詰め込む前に「本当に必要か？」と自問してみてください。

〈長期目標のワナ③〉

行動すれば目標は変動する

目標を掲げて行動していくうちに、目標が途中で変わってしまった経験がある方もいるのではないでしょうか？

目標が途中で変わることは、実は当然のことです。なんでもやってみなければわかりません。

・自分が進みたい方向性と違った

- **もっと優先順位が高い、やるべきことがあることに気づいた**
- **自分の本心ではなく「やらねば」で目標を設定していることに気づいた**

これらは、動いてみたからこそ気づけたことです。

一方で、一度立てた計画に固執して、たとえ違和感を覚えたとしても、やりきりたいという性質が人間にはあります。その性質を **「一貫性の原理」** と言います。自分の行動に一貫性を持たせたいという考え方です。

目標をがちがちに固めて計画を立てて進めた結果、「これは失敗する」と感じているにもかかわらず、身動きが取れず、目標を立て直すことができない人もいます。

目標や計画を柔軟に修正して、着実に前へ進めるような余白を残しておくことも大事です。

目標の期間が長ければ長いほど、修正する機会は増えるので、長期目標はあくまで目安程度にしておきましょう。

〈長期目標のワナ④〉
後回しにしてしまう

新年の目標を立てたとして、1月の時点でその目標を実現できそうなチャンスが訪れたとします。しかし、目の前には緊急性の高い、やるべきことが山積み。そうすると「今ではなくてもまだ時間はあるし……」と、せっかくのチャンスを先送りにし、目の前の緊急なことから取りかかります。

その後、どうなるでしょうか?

緊急なことへの対応が終わったと思ったら、また緊急性の高いことが目の前にやってきます。

もう皆さん、おわかりでしょう。

緊急なことが次々と目の前に現れて、いつの間にか新年の目標は頭の中から消え去ってしまうのです。

せっかく目標を立てても、後回しにしていては意味がありません。目標が大きいほど、後回しにする確率も高まります。

〈長期目標のワナ⑤〉

時代は待ってくれない

時代の流れも無視してはいけません。

例えば、コミュニケーションツールは、1996年頃にポケベルの普及率がピークに達し、その後、PHS、携帯電話、スマートフォンと、約10年で急激に変化していきました。

そんな中、あなたはエンジニアで、年々加速している時代の流れを無視して、1990年代からコツコツとポケベルの改良に何年もかけていたとします。そして、ようやく納得のいくポケベルを開発できました。

しかし、時代はすでにスマホ時代。せっかく素晴らしいポケベルを作り上げても、利用する人は誰もいなかったなんてことが、極端な話、あるわけです。

実は私も時代の流れを無視して、チャンスを逃した経験があります。

2008年に私は韓国へ留学に行きましたが、その留学自体を決意したのは

2006年11月です。

決意から留学までになぜ1年強の時間を要したかというと、留学資金を貯めたかったのと、韓国語の実力をある程度まで上げたかったという理由からでした。

ところが、2004年頃から『冬のソナタ』のヨン様をきっかけに、日本で韓流ブームが起こります。そして、そのブームは徐々にドラマからK-POPへ、中年女性から若い世代へ広がっていきました。

この韓流ブームとあいまって、私が留学したときには、韓国留学がとてもポピュラーなものになっていたのです。留学先の語学堂（韓国の国公立または私立の大学が運営する、留学生のための韓国語を学ぶ学校）でも、クラスの3分の1から2分の1は日本人といった具合でした。

そのため、韓国語を使った仕事に就こうとするも、韓国語を話せる日本人が増えていたので、留学経験がある程度では就職が困難になっていたのです。留学を先延ばしにした1年間で、時代の流れが変わってしまいました。

結局、語学堂卒業後1年間は現地でアルバイト生活を送り、その後就職しました。同じ時期に韓国語を使える職を探していた人たちより1年、先手を取ることができたであろう事実は無視できません。

結果的には、留学を1年先延ばししたからこそ、その会社に出会えたとも言えますが、「たられば」を言っていたらきりがありません。

時代の流れを見るというのは、自分の人生を考える上でとても大事なのです。

時間ができたら行こうと先送りにしていた海外旅行に、新型コロナウイルスの影響で行けなくなってしまったというのも、まさにその例です。

世の中は、自分中心に待ってはくれないということ。これを忘れないで欲しいです。

あなたが今やりたいと思っていることは、本当に、あとでないとできないことですか？

チェックリスト

□新年の目標は9割忘れる
□1年でできることを過大評価しない
□行動すれば目標は変動する
□目標を立てたら後回しにしない
□時代の流れを見る

4 「1年目標」を4つの「3カ月目標」に分解する

長期目標のワナに陥らず実現するためには、目標を分解して現実的な計画にしたら、すぐにでも行動に移していくことが必要です。

1年の目標だと、ふわっとした目標のままなので、夢が夢のまま過ぎていきかねません。

そして何より、地に足ついた行動計画を練るためにも、もう少し小さな単位で見ていく必要があります。

そこで、1年目標を4つの3カ月目標に分解していきます。

3カ月というのは、ゴールまでに必要なタスクを想定しやすく、スケジュールに組み込みやすい期間です。

（1）中期目標が必要な理由

企業の事業計画や経営計画などは、企業存続のために、長期スパンでやるべきことを見ていく必要があります。そのため、５カ年、３カ年といった中長期単位で計画を立てていくのが基本です。

しかし、個人の場合は先ほども述べたように、長期目標を立てても、いざ行動してみたら目標を変える必要が出てくることが多々あります。逆に、短期目標で計画を立てていくと、今やることが明確になるので、実際に行動に移しやすくなります。

何度も伝えているように、いくら立派な目標を立てても「今すぐ」に行動の一歩が出なければ意味がありません。自分が行動しやすくなるように、目標もスモールサイズで見ていきましょう。

企業の場合でも、中長期目標から棚卸しをして、四半期ごとに目標を設定したり、四半期評価を取り入れたりします。

四半期ごとの振り返りで、業績アップや社員のモチベーションアップ、部署内での目標共有でチームパフォーマンスを上げるなど、さまざま効果が見込まれます。

なお、企業の場合、四半期ごとの目標は短期目標に当たりますが、個人においては中期目標に当たります。

個人でよく立てるのは、1日～1週間程度の短期目標と、1年～3年程度の長期目標ではないでしょうか？　このどちらか、もしくは両方を立てている人は多いと思います。

ところが、この**短期目標と長期目標だけでは、せっかく立てた目標も効果を出しきれずに計画倒れしてしまう可能性が高くなります。**短期目標を立てて、目の前のことをこなすことだけに一生懸命になってしまったり、長期目標を立てて、未来のために今、何をするかがわからないまま時間が過ぎてしまったりという、もったいない事態が起こるのです。

また、短期と長期の両方の目標を立てていても、期間に距離がありすぎて、地に足ついた行動計画にできていないケースがほとんどです。

そのために、**個人においても四半期ごと、つまりは3カ月の中間目標を立てることを私は強く勧めています。**

(2)なぜ3カ月目標に分解するのか?

なぜ3カ月なのかというと、**今すぐ取り組めるタスクに棚卸ししやすい**からです。

年間目標からいきなり今日やるタスクに棚卸しするのは難しいですが、3カ月目標からだとゴールがリアルに想像つくので、タスクへの棚卸しがしやすくなります。

そしてもう1つが、**持ち時間を現実的に把握するため**です。

今、目標を立てたとして、目標達成に向けて行動できる時間がどれくらいあるでしょうか? 1カ月先、2カ月先までは、すでに予定が入っていることもあるでしょう。

それを前提に置いておかないと、理想上での計画になり、最初からつまずくことになります。

3カ月目標の書き出し方としては、1年目標から3カ月ごとの目標を書き出す方法でも、直近の3カ月から目標を書き出す方法でも構いません。

この違いは、どれだけ先の未来が描けているかによります。

例えば、転職するために必要な資格試験が1年後にある人は、1年後から逆算して3カ月目標が立てられます。しかし、資格試験が3カ月後にある人は、資格試験の結果によって次の動きが変わってきます。

また、コーチングの勉強をして、自分でそのコーチングスキルを活かしてビジネスにしていこうと決めている人と、コーチングに興味を持ったから、まずはコーチングを体験してみたいという人では目標の立て方が当然、異なります、同じコーチングの勉強でも、前者は先の未来がある程度見えていますが、後者はやってみないとわからない状況です。

どちらの立て方がいい悪いではなく、何をするにしても、まずはやってみないと先が見えないので、先の未来が現時点でわからない人は無理して先の計画を立てなくて大丈夫です。

また、長期目標を立てるのが苦手な人も、あまり先のことを考えなくて大丈夫です。直近3カ月、できれば6カ月先まで見えていればいいでしょう。実際に動いてみると、その先のことも徐々に見えてきます。

どちらの方法で書き出したとしても、**この3カ月目標があなたの人生で大事にしたいこと、つまりは「ビジョン」を叶えることにつながるのか？　ということを必ずチェックして欲しいです。**

ここにずれがあると、自分でも気づかぬうちにブレーキを踏みながらアクセルを踏む状態になってしまい、自分を消耗させます。

（3）3カ月で1プロジェクトにする

実は、やりたいことや目標や夢は、今すぐやらなければいけない、緊急性が高いものではありません。そのため、いくらやりたいことであったとしても、目の前に山積みするタスクを片付けることばかりに注力しがちです。

するとと、「いつかやりたいと思っていることをする時間」をいつまで経っても確保できず、実現がどんどん先延ばしになってしまいます。

「趣味の時間を持ちたい」「資格勉強をしたい」「ダイエットしたい」「片付けしたい」と思っていても、「時間ができたら……」と後回し。

「時間ができたらやりたいこと」の意識のままでは、いつまで経ってもその時間はやってきません。つまり、やりたいことや目標、夢はいつまでも実現することがないのです。


世界的ベストセラー『7つの習慣』（スティーブン・R・コヴィー著　キングベアー出版）で紹介されている「時間管理のマトリックス」（157ページの図参照）をご存じの方も多いでしょう。日々の活動を「緊急性」と「重要度」の観点で見ていき、優先順位を整理して、生産性を向上する時間管理の考え方です。

人は、緊急なことやパッと目に入ったこと、人から頼まれたこと、得意なことを優先的に取り組んでしまう傾向があります。そして、本当に大事なことが後回しになって進んでいなかったという事態が起こります。

そのため、**緊急性が高まる前に、重要なことを優先的に進めていくこと**が大切です。やりたいことや夢、目標はまさに「緊急ではないが、重要なこと」に分類されるものです。**緊急性の低い状態のうちに、スケジュールに組み込み、着手していくことが大事です。**

3カ月目標を1つのプロジェクトとして考え、優先的にスケジュールに組み込んで進めていきましょう。

（4）1年目標を4つの3カ月目標に分解する

今年1年のテーマが資格試験合格だとします。これを4つの3カ月目標に分解していきましょう。

まずは3カ月「目標」というよりは、3カ月「テーマ」という捉え方で構いません。

〈1年目標：資格試験合格〉

1月～3月：早起きの習慣化、テキストインプットとアウトプットで基礎強化
4月～6月：テキストインプットとアウトプット繰り返す、過去問練習
7月～9月：模試受験正解率7割目指す、過去問練習
10月～12月：模試受験正解率8割目指す、過去問練習

3カ月目標に分解するときの最大の注意点は、理想論で設定しないということ。特に初めの3カ月は、すでに仕事や予定のスケジュールもあり、思ったようには時間を確保できない可能性があります。

こんなに余裕があっていいのか？　というくらいで最初は大丈夫です。慣れてきたら、少しずつ調整していけばいいだけです。

仕事における個人目標の例もあげておきます。

〈1年目標：昨年度より売上1000万円増〉

1月～3月：既存顧客ヒアリング、見込み顧客のデータ整理

4月～6月：営業ツール作成と提案、営業ロープレで成約率20％➡30％へアップ
7月～9月：見込み顧客を月に30件訪問、月10件成約（12月まで継続目標）
10月～12月：第3四半期目標継続、軌道修正

会社の目標に対しては、部署やチーム内での目標を分解していきます。
例えば、会社の年間目標に対して、部署やチームで四半期目標を4つ立てます。そして直近の3カ月を具体的にどう動いていくのか、分解していきます。

チェックリスト

- □人は「やりたいこと」よりも「やらないといけないこと」「慣れていること」からやりがち
- □達成したいことがある場合、他の予定が入る前にそれに取り組む時間を確保する
- □3カ月という中長期目標（テーマ）を設定する
- □最初の3カ月は特に、無理のない目標にする

5 「決める」を決める

（1）決められない人がやってしまう目標設定

もったいない時間の使い方の1つが、悩んで、悩んで、悩んだ挙句、何もアクションを起こさずに終わってしまうことです。

私たちは日々多くの決断をしていますが、特に大きな決断は、意識しないと時間だけがどんどん流れてしまいます。

決断力がある人とは、一般的には決断のスピードが速い人のことを言います。しかし、実は**スピードより大事なことが、決断後に迷わない決断をできること**。もちろん、決断が速いに越したことはないですが、スピードはあとからでも鍛えていくことができます。

たとえ即決したとしても、決断したあとに迷うのは、自分のことを信頼していない証拠です。

決断したあとは、出した決断を正解にすべく、行動するのみです。そのため、決断するまでは、決断後に迷わないよう十分に検討しましょう。

とは言え、やみくもに検討するのではなく「**いつまでに決めるのか**」**を明確にすることが重要です**。特に、人生に影響を及ぼすような大きなことは「覚悟が決まるまで」ずるずると悩みがちです。しかし、自分で期限や条件を決めることで現実味を帯びて、行動し始めます。


私は25歳の頃、転職するか留学するかで悩んでいました。どちらを選択するにしても、不安や怖さがあって決めきれず、刻々と時間だけが過ぎていきました。もちろん、転職も留学もせず、そのまま同じところで働き続ける選択肢もありましたが、それはしたくなかったので、私はあることを決めました。

それは、３カ月間転職活動をしてみて、よいご縁があれば転職、ご縁がなかった場合は留学する、ということです。つまり、決めるための期限や条件を決めたのです。

実際に動いてみると、どれくらいの必死さで転職活動に取り組んでいるかもわかります。

新卒のときに夢破れた私は、社会人になってからもくすぶった日々を過ごしていました。当時も、自分が何をやりたいのか、どうしていきたいのかがわからない状態でした。そんな状態で転職活動がうまくいくはずがありません。私は結局、留学する決断に至ります。

留学することを決めたら、もうそこからは迷いませんでした。この留学を自分の人生におけるターニングポイントとすべく、とにかく動き始めました。

「決める」を決めたからこそ、現実が変わっていったのです。「覚悟が決まるまで」悩むというのは、本当に時間の無駄遣いです。また、即決したとしても、そのあとにまた悩み始めてしまったら意味がないのです。

人間はＡＩと異なり、感情があります。その**「心の揺れ」が起こることを大前提として、少し自分に猶予期間を与える**のです。猶予期間はどのくらいのことを決断するかによって異なります。ライトなことなら数日、転職や独立であれば数カ月かけても構いません。その代わり、その猶予期間中に一生懸命考え、悩み、覚悟を固めます。自分との約束を守ることも、自己信頼につながります。

目標をどうするか、今すぐ決められないときは「決める」を決めることで、現実を動かしていきましょう。

（2）完璧な計画はそもそも作れない

これまで、多くの方から時間の使い方の相談を受けて感じていることがあります。それは、責任感が強く、がむしゃらで一生懸命であるがゆえに、時間に追われ、疲弊してしまっている人がものすごく多いということです。

この人たちは、自分ががむしゃらに動いていることも気づかないくらいがんばっています。

このタイプを**「隠れがむしゃらさん」**と呼んでいるのですが、隠れがむしゃらさんは、もともと責任感のある人なので、「無責任なことはできない」、だからこそ「失敗したくない」という考えをお持ちです。従って、完璧な目標、完璧な計画を立てようとする傾向があります。

しかし、**そもそも目標や計画は軌道修正があって当たり前です。**企業でも、検証しながら上方修正、下方修正をしていますよね。個人でも当然です。

3カ月目標を立てて、毎週振り返りをして、プロジェクトを走り抜けるということを、私は何百人もの方々と一緒にやってきましたが、軌道修正することなく計画通り、すべて実行できた人は、これまでひとりとしていませんでした。

全員何かしら軌道修正をしているし、ほとんどの人が「自分が思っている以上に、やることを詰め込んでいる」ということに、ここで初めて気づきます。

ゆえに、計画を立てるときに「完璧な目標や計画を立てよう」と時間をかけるのは、意味がありません。**意識をするところは「完璧に」ではなく、「どうすれば楽しく動けるか」ということです。**

目標や計画を立てる目的は、0か1かと白黒つけることではありません。**立てた計**

画を完璧に実行できなくても、目標を立てたからこそ、7割、8割と進むことができるわけです。目標がなければ、進みもしなかった可能性が高いでしょう。

また、完璧にできないと思った瞬間、「何もしない」という選択をする人もいます。例えば昇級試験合格に向けて計画を立てるも、日々の業務に追われ、なかなか勉強の時間が取れないと悩む人もいるでしょう。そういうときに、気持ちを切り替えて計画を練り直せるといいのですが、中には「今日できなかった分も含めて明日全部やる」と無茶な計画を立てる人もいます。今日できなかったことを、明日の分と合わせてやるというのは、始まる前から計画倒れが予想できます。

しかし、まじめな人こそ「言い訳はできない」と、無理の上乗せをしていきます。そしてどうにも身動きが取れなくなった瞬間、昇級試験受験すら放棄してしまうのです。

目標や計画は、もともと軌道修正ありきです。

完璧な目標や、完璧な計画はそもそも誰も立てられません。

ありたい未来を実現するためには、行動しかないのです。

目標を達成させるための無理のない一歩のことを、**ベイビーステップ**と言います。

このベイビーステップを積み重ねていくためには、3カ月目標が肝となります。

まずは仮でもいいので3カ月目標を立てて、そこからさらに分解していきましょう。

チェックリスト

- □決められないときは「いつまでに決める」と決める
- □完璧な目標や計画は存在しない
- □目標や計画は動きながら調整していくと心得る

6 分解苦手さんにおすすめ！ タイプ別目標設定法

ここまで、ビジョン↓1年↓3カ月と目標を分解してきましたが、自分ごとで考えようとすると「分解が難しい」と感じている人もいるでしょう。

そんな方に、3つのタイプ別目標設定法をお伝えします。

（1）分解下手さんにおすすめ！ 1年↓6カ月↓3カ月の2段階分解法

1年から3カ月目標にいきなり分解することが難しい場合や、1年目標がそもそも想像できない場合は、6カ月目標の視点を入れてみてください。

1年よりは6カ月のほうが、ある程度具体的な目標を立てやすくなるはずです。

そもそも目標を分解する理由は、「ビジョン―長期目標―中期目標―短期目標―今

日やること」、これが一貫性を持っているかを確認するためです。

そして、分解したそれぞれのゴールが、期間とマッチしているかを確認するためです。

必ず1年目標でなければいけないということでも、6カ月目標でなければいけないということでもありません。今あげた2点ができているかを確認するためにも、必要であれば「6カ月目標」という視点も入れて考えてみましょう。

(2)現実的な目標を設定するのが苦手な人の1年目標設定法

遠い未来をあれこれ想像するのが好きな人は、それを地に足ついた計画にしていくことができるようになると、夢の実現が高まります。ですから、やりたいことをやりたいままで終わらせないことが重要です。

知り合いのBさんが「いつか英語を話せるようになりたいんです」と打ち明けてく

れたことがありました。英語を話せるようになったら、さまざまな可能性が広がりますから、ぜひ叶えたいですよね。

そのあとの私たちの会話です。

私　「英語を話せるようになったら、何をしたいんですか？」

Bさん「自信を持ってネイティブと英語で会話ができるようになって、海外取引を任されるようになりたいんです」

私　「素敵な夢ですね！　実現に向けて計画立てましょうよ！」

Bさん「実は、目標とか計画を立てるのが苦手で……」

Bさんは、想像では大きなことを描けても、現実化がどうしてもできないと考えていました。想像する分には自由だからいくらでも描けるけど、どこかで「どうせできない。無理だから」と思っている自分もいると言うのです。

実現できなかったときの不安から、現実を直視できないのが原因のようです。

しかし、失敗は失敗ではありません。発明家のトーマス・エジソンの有名な言葉があります。

「私は失敗したことがない。ただ、1万通りのうまくいかない方法を見つけただけだ」

そうです。**やってみてうまくいかなかったことは失敗ではありません。むしろ、何もしないでいることが失敗です。**なぜなら、試してもいないなら成功する可能性は0%だからです。

「必ず成功しなければ」ではなく、「試してみよう」というゲーム感覚で、計画を立ててましょう。

ここでは、Bさんの「英語を話せるようになりたい」を例にして、目標設定をしていきます。

まずそもそも、「英語を話せるようになりたい」という「~たい」という表現は、願望であって、目標ではありません。実現するためには、この願望を目標にしていく必要があります。

Bさんの目標は、「自信を持ってネイティブと英語で会話ができるようになって、海外取引を任されるようになる」ということでした。

この目標を、例えば1年後までに達成していたい目標だとすると、その期間と目標が妥当なのかを確認していきます。

ちなみに、今回の目標「自信を持ってネイティブと英語で会話ができるようになって、海外取引を任されるようになる」には、大きく分けて3つの目標軸があることにお気づきでしょうか？

①ネイティブと英語で会話ができるようになる
②ネイティブとの会話に自信を持てるようになる
③まずは1社、海外の取引先を担当する

この3つです。多くの人が、複数の目標を組み合わせて1つの大きな目標にしがちです。

それ自体は悪いことではないですが、**いざ目標に向けて行動するときは、目標を分**

解すると達成率がアップします。

では、分解した上で、これらの目標を達成するまでに1年という期間が妥当かどうかをチェックしていきましょう。

Bさんは、①・②は今の自分の英語の実力上、毎日ネイティブと会話する機会を作れば大丈夫であろうと予測。ただ、③は相当努力が必要だと言いました。

③を達成するためにBさんは何ができるのか、私は「具体的行動を思いつく限り、すべて出してください」と、伝えました。そして出てきた行動を分解して、整理したのがこれです。

- 現地（海外）の商談会に参加する
- 現地の商談会に参加できるよう、上司にプレゼンをする
- 上司の承認を得るために企画書を作成する
- 企画書を作成するために過去の商談会の資料を集める

- 過去の商談会の資料をレポートとしてまとめる
- 上司の承認を得るために、先輩にアドバイスをもらう
- 戦略プランを社内でプレゼンテーションする
- 商談会での交渉をシミュレーションする
- 英語で交渉のデモンストレーションをする

このように行動で分解してみると、具体的にやることが見えてきます。

ここから、**1年という期間の妥当性を2つのポイントから確認します。**

1つは、**自分の努力だけではどうしようもないもの。**いわば、コントロールができない部分です。今回の例で言うと「商談会が1年以内に開催されるのか」などです。

そしてもう1つが、**自分の努力次第で左右される自己責任のもの。**ここは、逆にコントロールできる部分です。

まずは、自分ではコントロールできない点がクリアできるかどうかを確認します。

Bさんの場合は、商談会が8カ月後に開催されるとのことでクリアしました。

そうなると、Bさんが1年間という期間で進められるかどうかにかかっています。もっと言えば、商談会に参加するために会社から承認を得たり、英語を上達させたりすることができるかどうかです。

Bさんは「正直、かなり厳しいと思うけど、今動かなければ可能性はゼロ。今から動き始めたら、もしかしたら1年後は難しいかもしれないけど、可能性はゼロじゃない。何となく頭の中でやりたいと思っていたことが、現実的に進むと想像するとワクワクする！」と、いったん仮置きで、進めていくことになりました。

結果はいかに！

Bさんは、それから毎朝6時から30分のオンライン英会話レッスンを受けて、英語力のアップに努めました。ネイティブとの会話で英語に自信を持てるようになったのはもちろんですが、毎朝続けたこと自体がBさんにとっての自信となりました。

そして、商談会ではメインとしての交渉は叶いませんでしたが、上司のサポートとして入ることができ、契約までの流れを経験することができたそうです。

素晴らしいですね。

実はこの結果、とてもおもしろいものとなりました。

目標の中であげていたのは「海外取引を任されるようになる」です。そこをより具体的に描いていなかったため、「上司のサポート役として海外取引の一部を担当した」という結果になりました。それも、もちろん十分素晴らしいことです。

ところが、Bさんは、「メインとしての交渉は叶いませんでしたが……」と振り返っています。実はBさんの中では「メインで担当したい」という気持ちがあったのです。もしも、「メインで担当する」という目標もしっかり立てて、それに対しての行動計画を立てていたら、結果は変わっていたかもしれません。

さらに、この話は続きがあります。実はその半年後、Bさんは商談会でメイン取引を任され、契約を結ぶことができたそうです。

1年目標を立てて動いたからこそ、また新たな目標が明確になり、それに対して行動をした結果、実現できたのです。

Bさんは言いました。

「何年も頭の中だけで『やってみたい』と思っていたことが、分解して書き出しただけで、夢のままで終わらずにこんなにも進むなんて驚きでした。

時間管理という点では、見積もりが甘いところもありましたが、それより何より予定通りにはいかなかったけど、着実に進んでいることが実感できたので、焦りがなくなりました。

自分がやろうとしていることに対して、ただ時間が足りなかっただけなんだと、冷静に計画を見直せたことが大きかったと思います」

もしも計画を立てなかったら、頭の中で想像だけして終わっていたでしょう。**ビジョンを起点に分解していけば、ポジティブに実行していくことができます。**

現実的な計画に落とし込んでいくことが苦手な方も、試してみてください。

（3）未来を描くのが苦手な人の1年目標設定法

未来を描くのが苦手な人は、目の前のことを積み上げていきましょう。目の前のことをコツコツこなしていくことが得意な人も多くいます。

そういう人は、初めは無理して未来を描こうとしなくて大丈夫です。

Cさんは、長期目標に対して「先のことなんてわからないし、先の目標を立てたら、現実をまざまざと見せつけられているようで、気が重くなる。それに、目標と向き合わなければいけないという重圧感で苦しくなるから、考えても仕方ない！」と言っていました。

目の前にやることがいっぱいあるのに、その先の分まで書き出したらプレッシャーで辛くなるから長期目標は立てたくないということでした。

しかしCさんは、「やってみないとわからないし、麻子さん（私）が言うならやってみます」と、直近の3カ月目標と計画を自分で立ててみました。すると、「書いてみたらまったく苦しくない！　むしろこれが実現すると思うと楽しみすぎてニヤニヤしちゃいました。完全に食わず嫌いでしたね」と、おっしゃったのです。

これは、Cさんだけ特別だったわけではありません。これには明確な理由があります。

それは、目標の先のビジョン（人生で大事にしたい価値観）を言葉にしてから計画を立てたからです。

Cさんは、そもそも遠い未来を描くことも苦手だったので、ビジョンを書き出すことも初めは「難しい」と言っていました。

そのため、**いきなりビジョンを描くのではなく、まずは「理想の1日」を書き出してもらいました**。あわせて、現実の時間の使い方も隣に書き出してもらいました。すると、理想と現実のギャップが見えてきたのです。

「5時に起きようと思ったのに6時になってしまった」「早朝に勉強どころか、朝食すらとる時間がなかった」「定時に退社ができない」など。

この**理想と現実のギャップを自覚することで、そのギャップを埋めようとする意識**

が働き、時間の使い方も変化していきました。まずは目の前の時間を、自分の理想的な時間の使い方に変化させていったのです。

この繰り返しにより、Cさんが大事にしたい価値観が見えてきました。

これまでは、仕事が大好きなので、仕事中心の生活リズムを送っていましたが、仕事でパフォーマンスを発揮するために、自分の環境や心身を整える重要性に気づいていきました。

例えば、週の半分は在宅勤務のため、家が整っていないと集中力が続かない、食事改善をしないと体力が続かない、運動をしないと体形維持できずに自己否定に走る、などです。

そして、これらを行う時間を確保するために、今度は仕事を就業時間内に終わらせて、成果をあげる必要が出てきました。

Cさんは、時間と成果を意識していくうちに「仕事が好き＝仕事の時間を長く過ごす」と思ってきたけれど、そうではなくても自分は満足するんだ、むしろプライベートをもっと充実させたいと気づけたのです。いずれは、月の半分働き、残りの半分は海外旅行をして過ごしたいという夢も出てきました。

それでもまだ、Cさんは長期目標や計画を立てていくことには抵抗感を持っていたため、まずは直近の3カ月の目標と計画を立ててみたのです。ここから、冒頭の会話につながります。

長期視点で目標や計画を立てても、自分が目指したい方向性がわかっていないと、行動したときに「こっちじゃなくてあっちかも」「やっぱりこっちだった」と計画通りにいかないことが頻発します。その経験があると、「計画＝苦しい」と自分の中でセットしてしまい、長期目標自体が立てられなくなります。

しかし苦しくなる本当の原因は、自分の生き方について考えていないことです。**ビジョンという明確な目的地があると、たとえ途中で予定変更になったとしても、目的地までの「行き方」が変わっただけということに気づけます。**さらに、目標や計画を立ててもその通りにならないし、「立てた通りにならないのが人生」と、割りきれるようになります。

結局Cさんは、思っていた方向と違う方向に進むこと自体が、想定外で楽しいと思えるようになったそうです。

ビジョンまでの「行き方」は何通りもあります。当初の計画通りにいかなかったとしても、実現する方法はいくらでもあるのです。

目標を立てるのは、自分を縛りつけるためではなく、楽しく前に進むためです。

チェックリスト

- □1年目標から3カ月目標への分解が難しい場合は、6カ月目標の視点を入れて考えてみる
- □「〜たい」という願望を「〜なる」「〜する」と目標にする
- □目標がどのくらいの期間で達成できるか、仮でいいので立てる
- □理想の1日と、現実の1日の時間の使い方を書き出す
- □ギャップを埋めるために、何を改善するか導き出す

第3章

1カ月目標に分解する

（3カ月目標→1カ月目標）

1 3カ月ガントチャートで3カ月の時間を見える化する

3カ月の目標を設定したら、そこから行動目標に分解していきましょう。そのときにガントチャートを使うとやりやすくなります。

ガントチャートとは、アメリカの経営コンサルタント、ヘンリー・ガントによって考案された、プロジェクト管理や生産管理に用いられる工程表です。全体のスケジュールや作業の進捗状況がわかるので、チーム単位で動くプロジェクトでの情報共有にも役立ちます。

締切も含めたプロジェクト全体像がつかめるので、作業の取りこぼしもなく、とても重要なツールです。

ただし、**個人の目標では、細かく作業工程を把握することはあまり重要ではありま**

● 3カ月プロジェクトシート

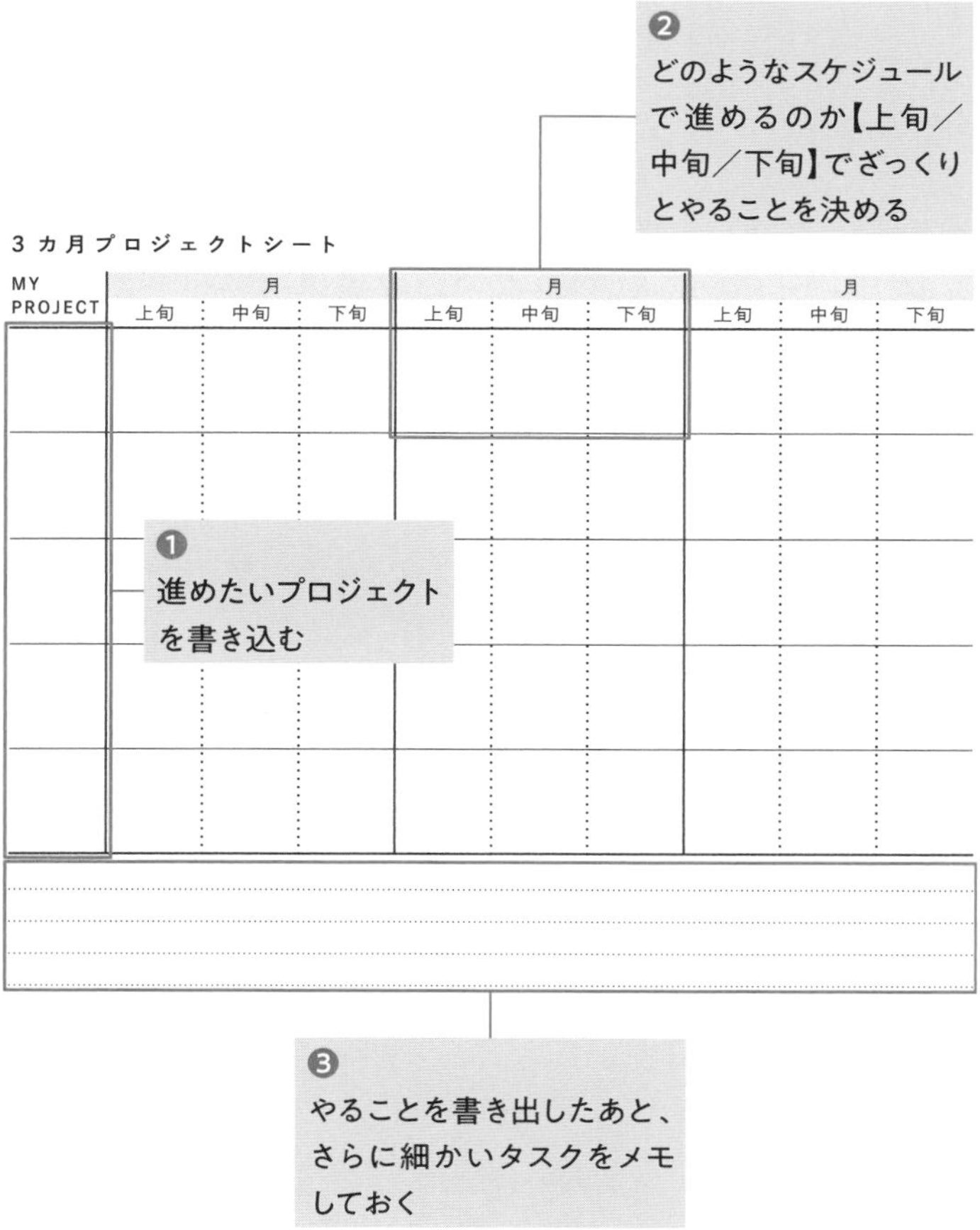

❷
どのようなスケジュールで進めるのか【上旬／中旬／下旬】でざっくりとやることを決める
3カ月プロジェクトシート
MY PROJECT
月
上旬
中旬
下旬
月
上旬
中旬
下旬
月
上旬
中旬
下旬
❶
進めたいプロジェクトを書き込む
❸
やることを書き出したあと、さらに細かいタスクをメモしておく

せん。細かすぎると、そもそも書き出すことが手間になります。また、プレッシャーを感じる人も多いように思います。

むしろ、限られた時間の中で、しっかりと目標や夢のために時間を確保し、少しでも前進しているかが重要です。

そのため、3カ月という時間を一目で見ることができる「3カ月プロジェクトシート」という名の3カ月ガントチャートを弊社では、採用しています。

「3カ月プロジェクトシート」は1カ月を上旬、中旬、下旬に分けて、どのようなスケジュールで進めるか、タスクや中間目標を書き出せるようになっているものです。だいたいどの時期に何に取り組むかが明確になるので、順調に進んでいるかどうか、すぐに確認することができます。

チェックリスト

□プロジェクトに対する3カ月の工程をざっくり決める

2 3カ月目標から1カ月目標に分解する

(1)3カ月目標の分解計画術

1カ月目標を立てるためには、まずは3カ月目標を達成する具体的な方法を考えます。そのためには、改めて目標を数値化して、設定したゴールを達成するために必要なタスクの分解を行います。

では、「1年後に資格試験合格」を例にして、3カ月目標を分解していきましょう。

①3カ月後、何を達成していたいか？（3カ月間のテーマ）

（例）資格試験合格に向けて、試験範囲を一通り勉強した状態になる

②成果として何を得ていたいか？（3カ月後のゴールを数字で決める）

数字は、売上、人数、体重○○キロ、TOEIC○○○点、家の○カ所の片付け完了など、具体的にする

（例）問題集を2回繰り返し取り組み終える（300問×2回）

③②の得たいゴールを達成するための具体的方法を考える

（例）平日は1日当たり5問解く（目安1時間）
土日祝日は1日当たり10問解く（目安2時間）
土日祝日は問題を解く以外にプラス1時間で1週間分の復習をする

④②の得たいゴールから逆算してマイルストーン（中間目標地点）を置いていく

（例）1カ月200問解いている

⑤②の得たいゴールを達成するのに必要なタスクを細分化する。行動ルールも書き出しておく

（例）平日5時に起きる

1時間早く家を出て、カフェで問題を5問解く（家だと眠くなる、起きなくなる可能性があるのでそれに対処）
土日祝日は午前中の8時〜11時を学習時間に充てて10問解く＋復習
早起きを習慣化させるため、夜はなるべく早く就寝。遅くとも23時
この計画が実現可能な計画か検証し、随時修正する

これらは、3カ月プロジェクトシートで実際に棚卸しした事例です。具体的に書き出すことと、それを時間軸で見えるようにしておくことで、視覚的に記憶することができます。

なお、**目標達成に向けて動ける時間が限られている人は、その時間だけではなく、24時間全体の整理も必要になります。**

1日にどのくらいの時間を目標達成に向けて確保できるのか、1〜2週間、記録を取ってみてください。また、平日と休日で時間の過ごし方が異なる方は、どちらも記録しましょう。

時間を整理するときの基本は、睡眠時間を最優先で確保することです。一般的には、最低でも7時間は取りたいところです。そうでないと、脳が疲弊して、集中できないため、結果的にパフォーマンスが落ちます。

24時間から7時間を引いたら、残りは17時間です。そこから、仕事や家事、子育て、介護等、必要な時間を差し引いたらどのくらいの時間が残るでしょうか？

現実的に数字で見ると、時間は限られていると実感するでしょう。

（2）目標設定法則に縛られなくてＯＫ

ＳＭＡＲＴの法則という有名な目標設定法があります。次の５つの基準に沿って立てる目標設定の手法です。これらを基準に掘り下げると、目標設定の精度を高められ、目標達成に効果的です。なお、「ＳＭＡＲＴ」はそれぞれ頭文字を取っています。

- **Specific（具体性）：目標が具体的か？**

（例）資格試験に合格する

- **Measurable（測定可能性）：数字で達成度を測れるか？**

（例）試験で正解率9割

- **Achievable（達成可能性）：達成可能な目標か？**

（例）勉強の時間を確保できれば十分可能

- **Relevant（関連性）：目標達成が自分の利益につながるか？**

（例）試験合格することによって、昇進の可能性が高くなる

- **Time-bound（明確な期限）：期限が設定されているか？**

（例）6カ月後の資格試験に合格する

見ておわかりの通り、Achievable（達成可能性）のところがあやふやです。「勉強の時間を確保できれば」というのは、逆に言うと、確保できなければ目標を達成する可能性も低くなるということです。

目標を掲げて行動すれば、もちろん目標を達成する可能性が高くなりますが、だからこそ、行動計画が本当に実行できるかが重要なのです。

つまり、実行可能な行動計画を立てることが、目標達成への近道なのです。

この他にも、いくつか目標設定の法則があり、これらを活用して人事評価をしている企業も多いです。企業では一定の評価基準があることで公平に社員の評価をできるため、こうした明確な基準のもと、目標を設定することが重要なのです。

個人においても、明確な基準があるほうが目標を棚卸ししやすい人は、どんどん活用するといいでしょう。

一方で、個人的な夢や、やりたいことをこうした法則に当て込むと、「やらなければ」という気持ちが強くなり、**楽しさを失うという人も多くいます。**そういう方は、法則に縛られずに考えましょう。

私も個人的に、「きれいに整った目標」はおもしろみがなくて、行動が続きません。事業となるとまた話は別ですが、あくまで個人の目標や夢の場合は、法則を気にしすぎなくて大丈夫です。ＳＭＡＲＴの法則などを使ったほうが動ける人は使い、そうでない人は使わないと、臨機応変に考えていきましょう。

どちらのタイプがよい、悪いもありません。自分がどちらのタイプかを把握することが大事です。

チェックリスト

- □3カ月後、何を達成していたいか（3カ月間のテーマ）を書き出す
- □成果として何を得ていたいか（3カ月後のゴールを数字で決める）を書き出す
- □得たいゴールを達成するための具体的方法を書き出す
- □得たいゴールから逆算してマイルストーン（中間目標地点）を置く
- □得たいゴールを達成するのに必要なタスクを細分化し、行動ルールを書き出す
- □目標設定法則を活用したほうが気分が上がるか、それとも活用しないほうが気分が上がるか、自分がどちらのタイプか認識する

3 タスクも「大」から「中」へ分解する

3カ月プロジェクトシートを活用することで、タスクの分解もしやすくなります。タスクとは、目標を達成するために実行される具体的なアクションです。目標を分解していくと、具体的なタスクも分解しやすくなります。

まずはできるかできないかを検証するためにも、頭で考えずにやりたいことをプロジェクト1、2、3……といったように、自由に書き出してみます。

そこから、**1カ月を上旬・中旬・下旬に分けて、3カ月の大タスクを10日ごとの中タスクに分解していきましょう。**

「1年後に資格試験合格」であれば、114ページで具体的方法として「平日は1日当たり5問」「土日祝日は1日当たり10問」と設定しましたし、1カ月目標も「200問解いている」と設定したので、10日ごとの目標も約67問解いていればOKということとなります。
この例では、マイルストーンを問題数で区切っているのでわかりやすいと思います。
では、分解しにくい例も見ていきましょう。

〈例1〉期間：10月〜12月

①**3カ月テーマ**
新規事業案を完成させる

②**3カ月後ゴール**
年明けの会議で発表できるように、12月20日までに上司の承認を受領済みの状態にする

③**具体的方法**
承認までに上司のチェックを3回受けると想定

④**マイルストーン**

その1：10月31日までに、方向性確認のため、資料のたたき台を作って上司に1回目の確認

その2：11月30日までに、資料を7割完成させて、上司に2回目の確認

⑤タスクの細分化と行動ルール

- 週2日（特にミーティング等なければ、火曜と木曜）午前中2時間、この案件のための時間を確保する
- もしも予定通り確保できなくても、必ず1週間の中で計4時間はどこかで時間を確保する
- 上司のスケジュールを事前に押さえる

⑥10日ごとの中タスク

- 10月上旬：リサーチ
- 10月中旬：リサーチ、方向性を固める
- 10月下旬：ターゲット、お悩み、ゴール、コンセプトを資料にまとめる。上司の1回目チェックを受ける
- 11月上旬：（上司の1回目チェック次第で調整）

・11月中旬：（上司の1回目チェック次第で調整）
・11月下旬：資料7割完成。上司の2回目のチェックを受ける
・12月上旬：（上司の2回目チェック次第で調整）
・12月中旬：上司の最終チェックを受ける
・12月下旬：バッファ（※バッファについては141ページ参照）

〈例2〉期間：1月～3月

①3カ月テーマ

パーソナルトレーニング

②3カ月後ゴール

3月からはパーソナルトレーニングをスタートして、週3回通いが習慣化している

③具体的方法

ネットで検索・リサーチし、体験トレーニングへ行って、相性の合うパーソナルトレーナーを見つける

④マイルストーン

その1：1月31日までに、リサーチ終了
その2：2月28日までに、体験終了、パーソナルトレーナーと契約

⑤タスクの細分化と行動ルール

- 自分の悩み、改善したいところを書き出す
- パーソナルトレーニングに望むことを書き出す
- ネットで検索する
- 候補のパーソナルジムを探す
- 気になるところには、体験に行く
- 週3日、パーソナルトレーニングを受ける

⑥10日ごとの中タスク

- 1月上旬：自分の悩み・改善したいところを書き出す。パーソナルトレーニングに望むことを書き出す
- 1月中旬：ネットで検索し、候補を出す
- 1月下旬：候補が出てきたら、順に体験に行ってみる
- 2月上旬：（体験次第で調整）

・2月中旬：（体験次第で調整）
・2月下旬：最高のパーソナルトレーナーと出会い、契約
・3月上旬：パーソナルトレーニングをスタート、週3回通いのルーティン作り
・3月中旬：（3月上旬次第で調整）
・3月下旬：週3回通いが習慣化している

このように大タスクを中タスクに分解していきます。

チェックリスト

□3カ月の大タスクを10日ごとの中タスクに分解する

第4章

1週間・1日の目標に分解する

（1カ月目標→1週間・1日目標）

1 1カ月目標から1週間の目標へ分解する

(1)タスクは1週間単位で管理する

第3章では、3カ月目標から1カ月目標に、そしてタスクも10日ごとの中タスクまで小さく分解してきました。今度は、タスクを15分～1時間で取り組めるくらいの大きさに分解していきましょう。自分がそのタスクを見ただけで、さっと行動に移せるくらいの大きさです。

例えば、122ページの例でいくと「10月上旬：リサーチ」とあります。これを取り組みやすいように15分～1時間でできるタスクにしていきます。例えば競合A社の事業例をまとめる、などです。タスクの場合は、1月、1週間というよりは今すぐの行動タスクに分解すると考えて大丈夫です。

タスクを毎日管理する人もいますが、私は1週間単位で管理することを勧めています。その理由は、突発的事態にも対応でき、臨機応変に、やるべきことを確実に進めることができるからです。

急な仕事が割り振られたり、顧客とのアポイントが予定変更になったり、家族の体調不良でサポートが必要になったり、予期せぬことは突然起こります。しかもその予期せぬことの多くは、緊急な対応が求められます。そうすると、予定したことをもう一度立て直す必要が出てきます。

そんな状況の中、**毎日ＴＯ ＤＯリストを書き出していると、「今日も急な対応で、リストアップしたことができなかった」と、自分を否定する不必要な時間が生まれてしまうのです。**自分を落胆させるような無駄な時間は、タスクを1週間単位で管理することで省くことができます。

例えば、今週の重要なタスクを月曜日から実行していったところ、水曜に急な仕事の案件を振られたとします。しかも緊急を要する仕事です。そうなったら、今週のタスクを確認します。

今週中に必ずやっておかなければいけないタスクを月曜と火曜で終わらせていれば、急な仕事を受けられると判断できます。予定していた今週の残りのタスクは、来週以降で再調整します。

つまり、**1週間のタスクを書き出したときに、優先順位の高いタスクを週の初めに終わらせるようにスケジューリングするのです。**

では、月曜日に急な案件が降ってきたとしたらどうでしょうか？

その場合は、まずはもともとやろうと思っていた今週のタスクの中で、今週中に必ず終わらせなければならないタスクを洗い出します。

そのタスクの最終期限と、実行にどのくらいの時間が必要か、予測時間を確認します。

そして、急な仕事の案件にどれくらい時間がかかりそうか予測を立てながら、優先順位を決めていきます。

時間が足りないと判断したら、他に任せられる人はいないかなど、対応策を考えることができます。

（2）1週間の時間を見える化する

さて、目標や夢のために動ける時間は1週間に何時間あるでしょうか？　現実的な目標や計画を立てるためにも、まず時間がどのくらいあるのかを知ることが重要です。

理想ではなく、現実的に考えていきましょう。1日は24時間ですから、1週間＝24時間×7日＝168時間です。それに対して、**目標や夢のために動ける時間は何時間でしょうか？　まずはその時間をしっかりと認識してください。**

人間にとって、時間は常にあって当たり前の存在です。1日24時間と決まってはいるものの、命ある限り、時間はいつも目の前にあります。時間は有限なのに、慌ただしい日常を送ることで精一杯だと、時間があることのありがたみをつい忘れてしまいます。

時間を見える化して、時間が限られているということを、常に自分に意識させていきましょう。

● 3カ月プロジェクトシートから ウィークリーに落とし込む

3カ月プロジェクトシート

MY PROJECT	10月			11月			12月		
	❶ 上旬	中旬	下旬	上旬	中旬	下旬	上旬	中旬	下旬
新規事業案完成させる	資料たたき	→	部長に1回目CHK	資料ブラッシュアップ	→	部長に2回目CHK	ブラッシュアップ	部長に最終CHK	完成
資格試験合格に向け問題集2周（300問×2）	6時起きの習慣化 ❷ 平日5問 週末10問＋	→ 復習	200問 →	→	→	400問 →	→	→	600問 →
家族旅行	どこに行くか家族会議	→	決める	宿探し	決める				家族旅行 みんな1年よく頑張ったー!!
パーソナルトレーニング3kg落とす	体験会申し込み	パーソナルトレーニングスタート	この先のトレーナー	計画はさんと設定					

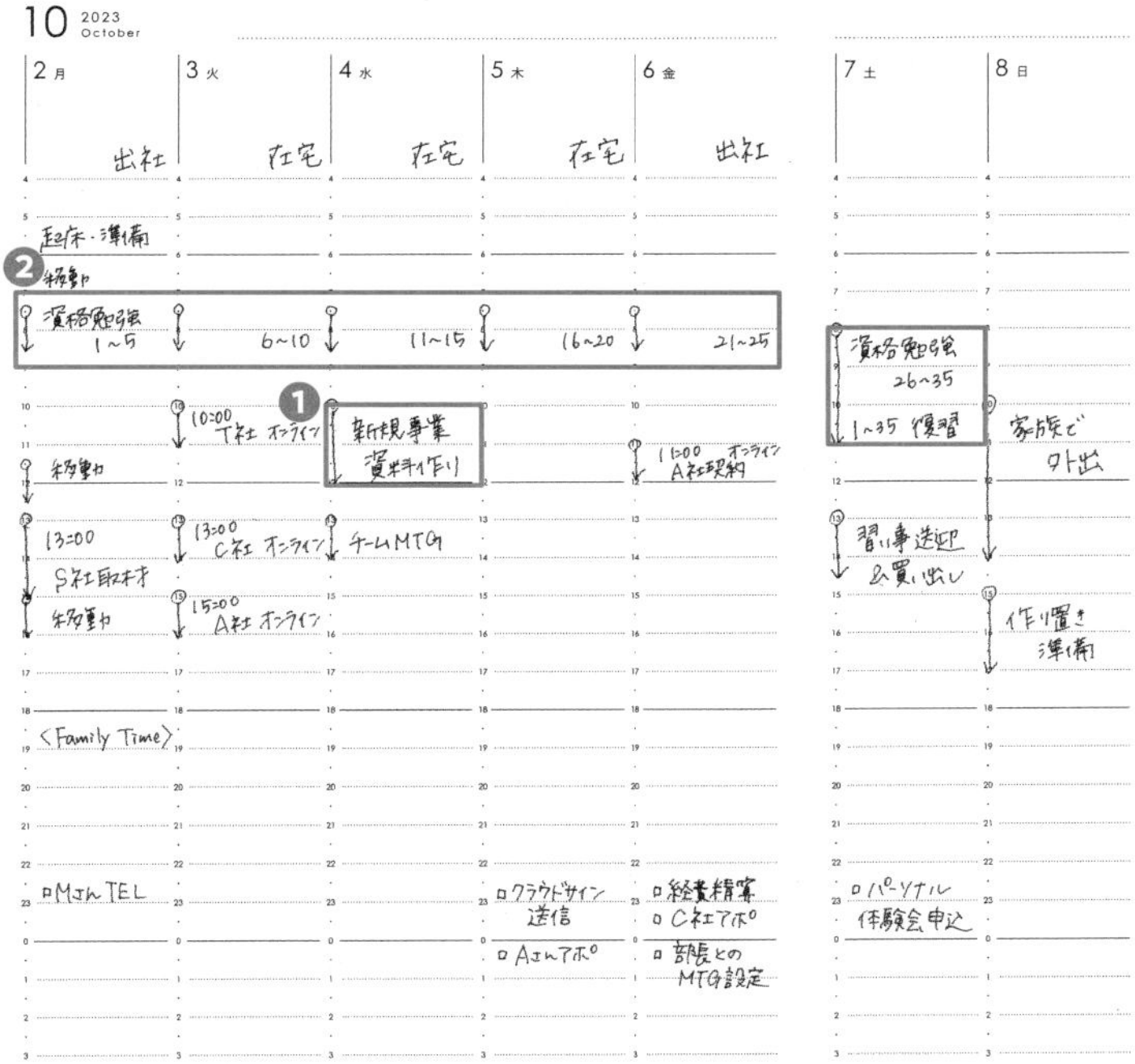
10 2023 October
2月 出社
3火 在宅
4水 在宅
5木 在宅
6金 出社
7土
8日
起床・準備
移動
資格勉強 1~5
6~10
11~15
16~20
21~25
資格勉強 26~35
1~35 復習
10:00 T社 オンライン
新規事業 資料作り
11:00 オンライン A社契約
家族で外出
移動
13:00 S社取材
13:00 C社 オンライン
チームMTG
習い事送迎 ＆買い出し
移動
15:00 A社 オンライン
作り置き準備
<Family Time>
□Mさん TEL
□クラウドサイン送信
□Aさんアポ
□経費精算
□C社アポ
□部長とのMTG設定
□パーソナル体験会申込

（3）目標や夢に向けて動ける時間をブロックする

1週間で動ける時間が見えたら、その時間を最大限活かす時間の使い方を考えていきます。

スケジュールを決めるとき、緊急性が高い今すぐやるべきことや、人との約束からスケジュールを押さえていく人がほとんどでしょう。

しかし、このスケジュールの立て方が、時間に追われる原因となります。スケジュールを立てるときは、先に「時間をブロック」することが重要です。

要するに、**目標や夢のために動くといったような、緊急性は低いけれど重要度の高いタスクを、緊急なタスクになる前に、前倒しで取り組むことが大切です。**そのために、その時間をブロックして死守するのです。

特に、自分との約束時間を一番後回しにしている人は要注意です。

このような人は、誰かとの約束には、必死でスケジュール調整を行います。自分が

計画を立てるときのポイント

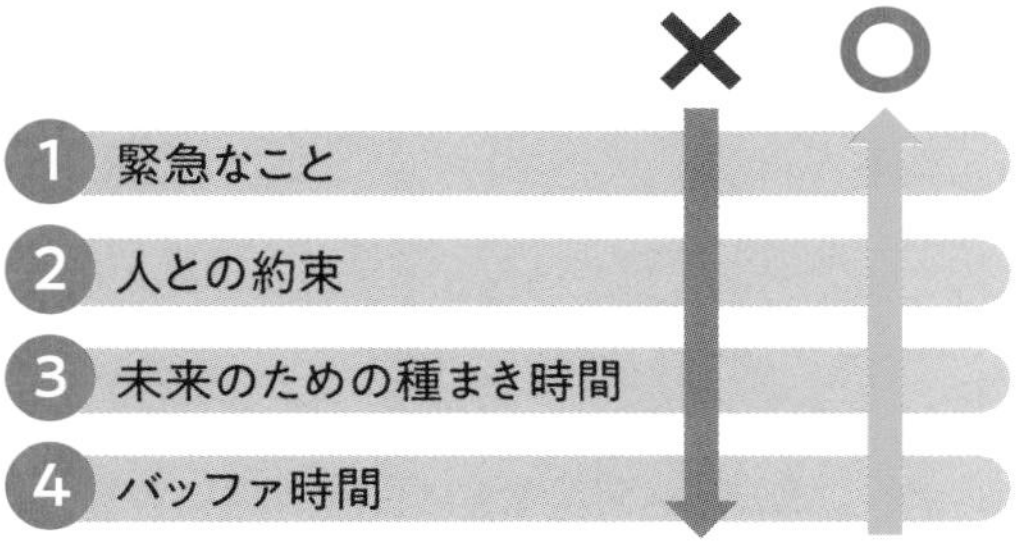

人は **1→2→3→4** の順にスケジュールを立てがち

しかし、この順番だといつまでも時間に追われてしまう

4→3→2→1 の順でスケジューリングすることを意識していこう！

未来のために自分と約束した時間を「ここだったら空いています！」と軽々しく差し出してしまうことまであります。

それでは一向に、目標や夢を実現する日はやってきません。

未来のタスクを優先的に組み込まないと、緊急なタスクや人との約束ばかりで常に時間に追われることになります。そして、新しい挑戦もできず、目標達成率も下がります。

逆に、**未来のタスクを優先的にスケジュールに組み込んでいくと、時間にゆとりが生まれます。**そして確実に目標達成に向けて動けるので、達成率が上がります。

目標や夢に向けての時間を死守していきましょう。そのためにも、手帳やアプリにも予定を組み込んでください。

チェックリスト

- □タスクは1週間単位で管理すると余裕が生まれる
- □1週間で、目標や夢のために動ける時間が何時間あるか把握する
- □目標や夢のために動ける時間を最初に確保する
- □その時間をスケジュール帳に書き込む

2 実行可能な計画への3ステップ

そもそも「計画＝計画通りにいかないもの」と、認識している人が少なくありません。

しかし計画は理想で立てるものではなく、地に足ついた実行可能なものを立てていくことが重要です。なぜなら、計画通り進められたときに得られる達成感の効果が大きいからです。

人は達成感を得られると「もっと達成したい！」という意欲が湧き、それが次の行動に結びついていきます。

「今日もできなかった」というネガティブなフィードバックを自分に毎日し続けるのと、「今日もできた！」とポジティブなフィードバックをし続けるのとでは、後者のほうが心地よい充実感に包まれて日々を過ごしていけることは間違いありません。それが積み重なったときの自分への影響は、とても大きくなります。

実行可能な計画を立てることを意識してください。

(1)ログを取る

計画通りに実行できないのであれば、目標達成のために使える時間に対して、やることを詰め込みすぎている可能性が高いです。


では、そもそもなぜ、時間以上にやることを詰め込んでしまうのでしょうか。

それは、見積もり時間が甘いからです。

30分で終わると思っていたタスクに1時間かかった。1時間で終わると思っていたタスクに2時間かかった。この誤差の積み重ねが、実行不可能な計画になる原因なのです。


誤差のない見積もり時間を出すためにも、現状、何にどのくらい時間がかかっているのか、把握していく必要があります。

そこで、何にどのくらい時間がかかっているかログ（記録）を取ってみましょう。

まずは2週間、ログを取ってみてください。「毎日、すべてのタスクのログをつけなければ」と思ってしまうと窮屈になるので、気づいたときだけで大丈夫です。

（2）見積もり時間を割り出す

所要時間を正確に見積もる方法は、経験しかないということも事実です。経験を重ねることで、より正確な時間を読めるようになります。とはいえ、経験を重ねることだけを、指をくわえて待っているのは時間がもったいないことです。

そこで**2週間、見積もり時間を考えながらログをつけます。**

まずは、「このタスクはどのくらいかかるだろう？」という予測をします。そして、実際にタスクを実行したあとに、結果時間を書き出しましょう。そうすることで、見積もり時間と結果時間の誤差を把握することができます。

もちろん、同じタスクでも状況や環境によって、時間差が生まれることもあります。

● 見積もり時間の精度の上げ方

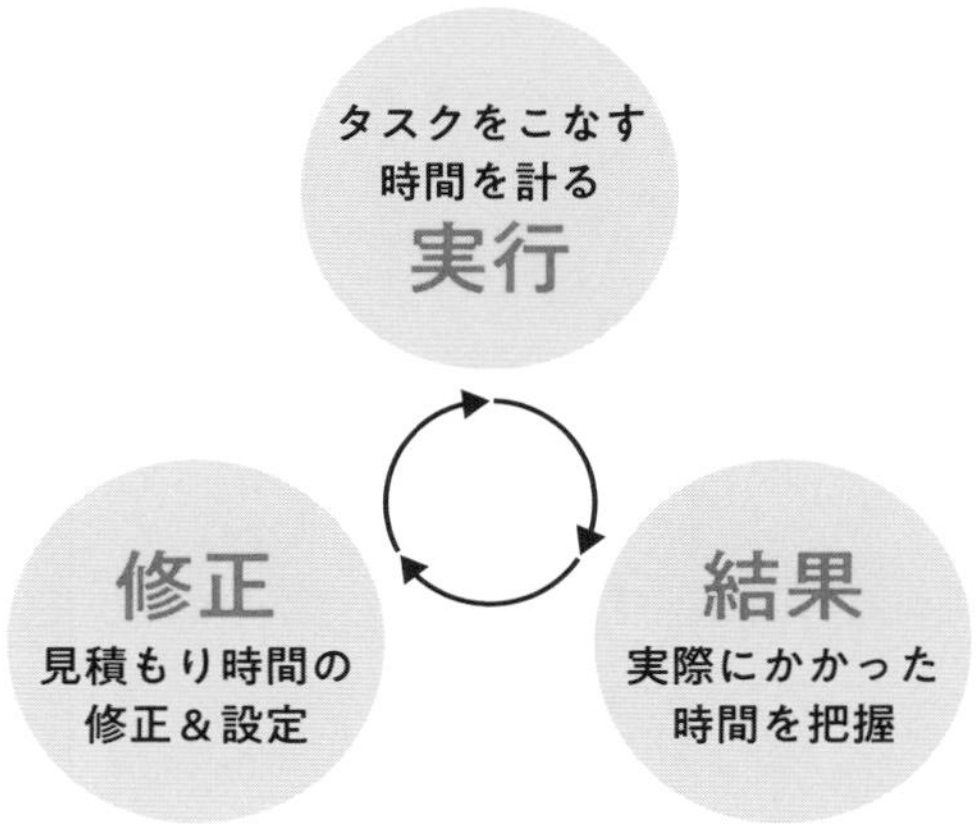
タスクをこなす
時間を計る
実行
結果
実際にかかった
時間を把握
修正
見積もり時間の
修正＆設定

だから、重要なことは完璧な見積もり時間を出すことではありません。平均値を割り出すイメージです。軌道修正ができる程度の誤差であれば問題ありません。

スケジュールを組み立てるときは、見積もり時間を立てた上で計画していくようにしましょう。

それぞれのタスクの結果時間を見ると、思っている以上に「このくらいでできるだろう」と時間を甘く見積もっていたことに気づくはずです。

見積もり時間内に終わらなかった場合は、次回設定する際に、不足した時間も組み込みます。そして、**「実行→結果時間のチェック→見積もり時間の修正」を繰り返していきます。**このようにして、見積もり時間の精度を上げていきましょう。

見積もり時間を設定するメリットには、「見積もり時間内に終わらせる」という意識が働くため、集中力が持続するということもあげられます。

(3)バッファ時間をスケジューリングする

ほぼ正確な見積もり時間を出せるようになってきたら、念には念を入れて、さらに実行可能な計画に近づけるため、バッファも併せてスケジュールに組み込んでいきます。

バッファは「緩衝材」という意味で、ビジネスシーンでは「余白時間」といった意味で使われます。緊急の要件やトラブル対応など、何かあったときに対応できる時間のことです。

このバッファを最初からスケジュールに組み込むことで、遅れやスケジュールを取り戻すことができ、場合によっては前倒しで計画を進めることができます。
バッファの設定方法は複数あります。どこに組み込むのが自分にとって適しているのか、まずは試してみましょう。

パターン① タスクごとにバッファ時間を設ける

（例）見積もり時間30分のタスク＋10分のバッファ時間
9時～9時40分のスケジュールに組み込む。実行する際は30分でタイマーをセットする

パターン② 1日の最後にバッファ時間を設ける

（例）終業時間1時間前の17時～18時は誰ともアポイントを入れない
18時に退社できるように、この1時間で今日の終わらなかった業務を終わらせる

パターン③ 1週間の最後にバッファ時間を設ける

（例）金曜日を丸々バッファとして何もスケジュールを入れない

フリーランスで働いている人におすすめ。月～木曜日で仕事を進め、終わらなかったことを金曜日で調整する

バッファ時間は、締切間際に慌てないようにするだけでなく、スケジュール調整、新たなアイディアの創出、心のゆとりを生むことにまで貢献してくれます。

バッファを上手に利用することは、目標達成に欠かせないスキルです。

チェックリスト

- □何にどのくらいの時間がかかったかログ（記録）を取る
- □タスクの見積もり時間と結果時間を書き出す
- □誤差がどのくらいあったか把握し、見積もり時間の精度を上げていく
- □バッファをどこに入れるか、自分に適した方法を知っておく
- □バッファをスケジュールに組み込む

3 タスク管理で目標達成率を上げる

チームでプロジェクトを進めている場合、全体の進捗を管理しながら、その進捗に合わせて、個人がそれぞれ担っている業務タスクを行っていきます。自分が全体の進捗から大幅に遅れたら、周りに迷惑をかけることになります。

この責任感が、業務タスクを実行していくことへの強制力となります。

ところが、個人の目標や夢の実現は、やるもやらないも、速いも遅いも、すべて自由です。そのかわり、自分が実行をしていかなければ何も進みません。だからこそ、なおさら自己管理を徹底する必要があります。

そこで、タスク管理を行い、効率的に物事を進めていくことが必要なのですが、いくつか気をつけなければならない点がありますので解説します。

（1）ＴＯ ＤＯリストではなくタスク管理

そもそもタスクを書き出すのは何のためでしょうか？

「忘れないため」「頭の中を整理するため」など、いろいろとありますが、一番の目的は、**やることを分解して、優先順位をつけて、進捗を管理し、効率的に進めるため**です。

特に、限られた時間の中で目標や夢を実現しようとするなら、「次は何をすればいいか」と、その都度その都度考えるのは時間の無駄です。

では、「タスク」と「ＴＯ ＤＯ」の違いはあるのでしょうか？

「ＴＯ ＤＯ」は期限に設定がない、いつかやらねばならない業務であるのに対して、「タスク」は決められた期限があり、それまでにやらねばならない業務を指します。

「ＴＯ ＤＯ」は期限を設けていないので、リストに書き出した順番に沿って作業したり、リストの中でもすぐに終わりそうなものから作業したりしてしまいます。

また、一目で見ただけでは優先順位がわからないため、何から取りかかるか改めて

● TO DO リストとタスクの違い

TO DOリスト	タスク
期限の設定なし いつかやらねばならない業務	期限の設定あり いつやるかが決まっている業務
パッと見て 優先順位がわからないので 「何からやろう？」と 考える時間が生まれてしまう	やるべきことと締切が 明確なので すぐに作業に取りかかれる

考える時間が生じ、時間のロスになります。

一方、タスクは「何日まで」「何時まで」というように期限をセットしているため、それまでに終わらせようという意志が働き、目標達成率が上がります。また、やるべきことと締切が明確なため、一目で見ただけで優先順位がわかります。すると「何からやろう」「次は何やろう」と迷うことがなく、集中力が続きやすくなるのです。

締切がないと、集中力も途切れ、明日にしよう、ちょっとだけ休憩しようと、

● 締切期限は左側に書きだす

期限		タスク
12/7	☑	A社見積もり作成
12/15	☑	B社プレゼン資料作成
12/22	☐	アンケート結果集計
⋮	⋮	⋮

後回しにしてしまう確率も高まります。

やることを書き出したら、ＴＯ ＤＯリストのままにするのではなく、必ず期限を設定していきましょう。

また、**締切期限を書くときは、タスクの左側に書き出します。**人は、左から右に視線を動かすので、一番重要なことを左側に記しておくと、きっちり目に入り、判断で迷わなくなります。

私たちは、仕事だけでなく、家庭や今後の目標など、さまざまな場面でもタスクを抱えています。そのため、タスク管理を一括で行っていると、重要なタスクを見落としたり、優先順位を間違えたりしてしまいます。

それを防止するためには、場面ごとに分けて管理をすることが大事です。アプリで分けて管理したり、手帳で色を変えて書き出したりなど、自分の管理しやすい方法を探っていきましょう。

（2）小さなタスクを書き出すことの危険性

タスクを小さく書き出すことは、状況によってはメリットとなりますが、逆にデメリットもあります。

タスクの50%は1時間以内に終わると言われています。終わったタスクに赤線を引いていくのは、達成感もあって快感を得られます。

しかし、快感でとどまればいいのですが、小さなタスクをこなしては「今日もやることが進んだ！」と錯覚してしまうのは、とても危険です。

小さな充実感を得ることで、時間や労力がかかる、本当に重要なやるべきことが後回しになっているという現実に、気づいていない恐れがあります。

● 夢に近づくタスクの書き分け

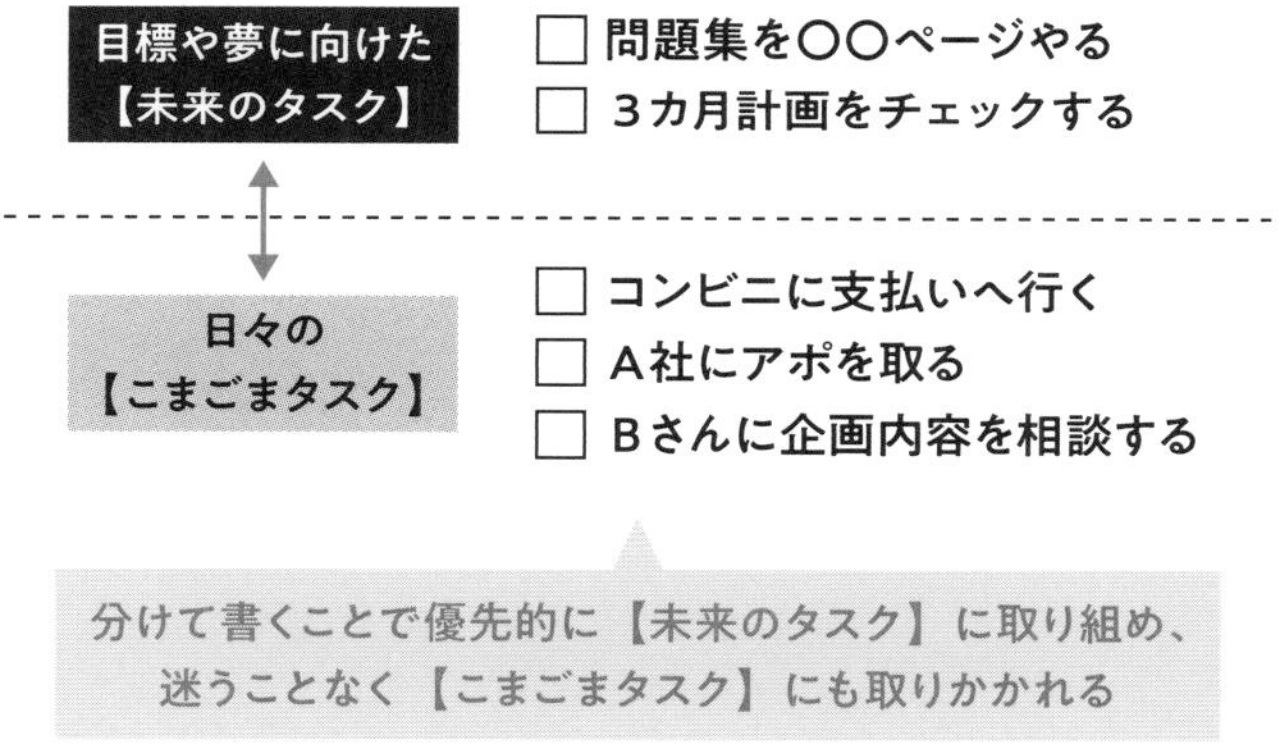
目標や夢に向けた【未来のタスク】
□ 問題集を〇〇ページやる
□ ３カ月計画をチェックする
日々の【こまごまタスク】
□ コンビニに支払いへ行く
□ A社にアポを取る
□ Bさんに企画内容を相談する
分けて書くことで優先的に【未来のタスク】に取り組め、
迷うことなく【こまごまタスク】にも取りかかれる

そのため、「未来のタスク」と、**日々の「こまごまとしたタスク」は、それぞれ分けて書き出すようにします。**

そうすると、「未来のタスク」を優先的に取り組みながら、集中力が切れたときや、隙間時間ができたときに、迷うことなく「こまごまとしたタスク」に取りかかることができます。

いざ時間ができたときに「何しよう」と悩むことがなくなるので、時間のロスを防ぎ、やるべきことを漏れなく進めることができるため、とてもおすすめです。

「緊急ではないが、重要なこと」を先

に取り組む習慣をつけるためのマイルールを作っておくといいですね。

（3）マルチタスクではなくシングルタスク化

「マルチタスクが苦手です」「マルチタスクができれば仕事が早く終わるのに」という相談は、さすがに最近少なくなってきましたが、まだまだマルチタスクに対する「憧れ」を捨てきれない人もいる印象です。

マルチタスクとは、同時に複数の業務を並行して実行することを言います。マルチタスクが成立すれば、同時に多くのことを処理できるので、そりゃできたらいいですよね。

しかし実際は、作業を切り替えるたびに集中力が途切れるため、非効率です。人間の脳がマルチタスクには向いていないとする研究結果は多数あります。

ミシガン大学では、**マルチタスクをする人たちは、タスクを1つずつこなすグループよりも40％も生産性が下がり、ミスの発生率も増加する可能性が高い**という研究結果を発表しています。

人間の脳は、複数のことを同時にやろうとすると判断能力が鈍り、生産性に影響を及ぼします。そのため、1つの業務に集中するシングルタスク化が望ましいのです。仕事で複数のプロジェクトを動かしていても、実際に作業するときはシングルタスクを意識すること。やりたいことがたくさんある人も、実際に行動するときは1つのやりたいことにフォーカスしてシングルタスク化すること。これは鉄則です。

また、シングルタスクに集中する上で重要なのが、環境を整えることです。環境を整える5つのポイントを紹介します。

①タスクを細分化する

脳を疲れにくくし、生産性を上げるためにもタスクの細分化は重要です。細分化することで、自分が今、取り組むべきことが明確になり、迷いなく集中してやることができます。

②タスクに優先順位をつける

154ページの「4　時間に追われない優先順位の付け方」で詳しく説明しますが、やるべきことを1つずつ確実に進めるために、優先順位を明確にしましょう。やるべき順番がわかっていれば、迷うことなく集中して取り組めます。

③取り組む時間を決めておく

期限を決めておくことで、時間内に終わらせようという意識が働き、やる気も集中力もアップすることは先ほども述べた通りです。且つ、「いつ取り組むのか」も決まっていると、他のことを考えることなく、目の前のタスクに集中できます。

④「3分の法則」で割り込みタスクを処理する

シングルタスクで進めていても「あれもしなきゃ！」「あれやるの、忘れてた！」と、他のタスクが思い浮かぶことはよくあります。そんなときは、3分以内でできることなら、その場で終わらせてしまいます。3分以上かかるものであれば、いったんメモして、区切りがついたら、そのタスクをいつやるのか決めます。

⑤集中できる環境を作る

せっかく集中していても、メールやＳＮＳの通知が来るたびに確認していたら、それこそシングルタスクではなく、マルチタスクになってしまいます。通知はオフにしましょう。メッセージをチェックする時間を決めるなどして、自分で自分の時間を守りましょう。

チェックリスト

- □タスクを書き出すのは効率的に物事を進めていくため
- □ＴＯＤＯリストとタスクの違いは「期限」の有無
- □未来のタスクと、日々のこまごまとしたタスクを分けて書く
- □行動するときは、マルチタスクではなくシングルタスクで行う
- □いつ取り組むか時間を決めておく
- □集中できる環境を用意する

4 時間に追われない優先順位の付け方

目標は早く達成するに越したことはありません。なぜなら、**時間がかかればかかるほど、成果を感じられずに行動が止まる可能性が高くなるからです。**もしそうなれば、それまで積み重ねてきたものが、台無しになってしまいます。

目標や夢のために、24時間すべてを注ぎ込めたらもちろん最高ですが、皆さんも仕事や子育て、家事、介護など、さまざまなやることを抱えながら、限られた時間の中でその実現に向けてがんばっているはずです。であればなおさら、優先順位をつけることに着手しなくてはなりません。

効果の高いことを優先的に取り組むことで、効率的に結果を出すことができるのは当然です。ところが、本書で何度も述べているように、感情のある人間は、理論上だけで優先順位をつけても、その通りになかなか動けないのです。

また、**人間の脳は未完のものに意識が行く**ので、終わってないものがあると目の前のことに集中できなくなってしまいます。だからこそ、優先順位付けは、目標や夢にかけられる時間だけを切り取るのではなく、1日の時間の使い方、特に仕事の時間でも気をつけていかなければなりません。

ここでは、タスクを先送りにせず、時間に追われない優先順位付けの5つのポイントをお伝えします。

〈優先順位付けのポイント①〉

緊急性と重要性

スティーブン・R・コヴィー博士が『7つの習慣』で提唱した方法は、「緊急性」と「重要度」を軸に、4領域に分けて優先順位を決めていきます。

第一領域：緊急であり、重要であること

第二領域：緊急ではないが、重要なこと

第三領域：緊急であるが、重要でないこと
第四領域：緊急でもなく、重要でもないこと

書き出したタスクの横に、領域の番号1～4を振ってみましょう。優先順位を決める軸として、最も優先順位が高いのが第一領域で、順に番号が大きくなるほど優先順位が低くなります。

カギとなるのは第二領域です。

第一領域が重要なのはもちろんですが、毎日この第一領域に追われている状態というのは、常に時間に追われていることを指します。緊急で重要だからこそ、常に締切ギリギリで焦っている状態です。

そして、重要なタスクの中で緊急ではなかった第二領域のタスクが、結局は緊急で、重要な第一領域に昇格してしまうのです。これでは、心理的にも負担になります。

また、**第一領域に追われていると反動で、第四領域のタスク時間が比例して増えて**

● 未来のタスクを最優先でスケジューリング

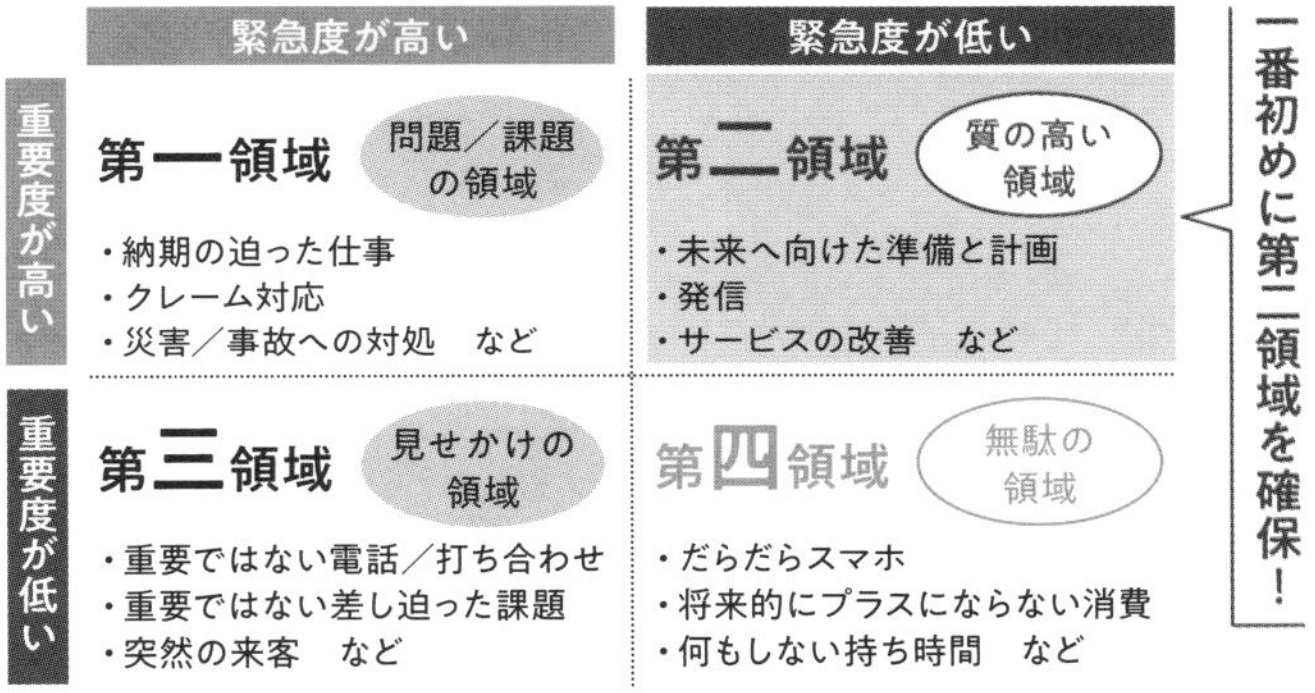
緊急度が高い
緊急度が低い
重要度が高い
重要度が低い
第一領域
問題／課題の領域
・納期の迫った仕事
・クレーム対応
・災害／事故への対処　など
第二領域
質の高い領域
・未来へ向けた準備と計画
・発信
・サービスの改善　など
第三領域
見せかけの領域
・重要ではない電話／打ち合わせ
・重要ではない差し迫った課題
・突然の来客　など
第四領域
無駄の領域
・だらだらスマホ
・将来的にプラスにならない消費
・何もしない持ち時間　など
一番初めに第二領域を確保！

緊急性は低いけれど重要度の高いタスクを
何よりも先に時間をブロックすることで、時間に追われなくなる

しまうのです。第四領域とは、SNSや動画などをダラダラ見てしまう時間です。

とある企業研修で、1日の時間をどのように使っているのか書き出してもらうと、「ダラダラと何をしているわけでもない虚無の時間が多い」と気づきのシェアをした方がいました。

その方に確認してみると、ちょうど仕事で「緊急で、重要なこと」に追われている時期で、家に帰ってくると何をする気力もなく、つい何時間もダラダラとSNSを見てしまっていたとのことでした。

第一領域のタスクをこなしていくことは大事ですが、第二領域のタスクも遂行していかなければ、無駄な第四領域の時間が増えてしまいます。したがって、**意識して、第二領域のタスクも前倒しで進めていくことが重要です。**

〈優先順位付けのポイント②〉

「3：3：4」の時間バランス

優先順位は「緊急性」と「重要度」を軸に決めていくことがもちろん基本となります。しかし先述の通り、それだけだと今すぐやらなければならないタスクの対応だけに追われてしまいます。

そこで大切になってくるのが、時間配分の視点をプラスすることです。

「3：3：4」＝「今やるべきことの時間：人とかかわる時間：未来のための時間」です。未来のための時間というのは、つまり「緊急ではないが、重要である」第二領域のタスクがメインとなります。

例えば、スキルアップや長期的な成長のための勉強など、目標や夢に向けた時間は、限られた時間の中で行動していく人にとっては、何よりも死守しなければいけない時間だということです。

目の前のことをこなすことで時間が過ぎていってしまう現状を打破したいのであれば、目標や夢に向けた時間を優先的に確保しましょう。

「緊急性」と「重要度」の軸、「3：3：4」の時間配分の両方の視点を踏まえて優先順位を決めていくと、着実に目の前のタスクも、先延ばしにしがちだった未来の大切なタスクも、しっかりと取り組むことができるようになります。

〈優先順位付けのポイント③〉

所要時間と気軽さ

目標達成をするために効果が高いことは、たとえ時間がかかるものであっても、もちろん取り組むべきです。

ただし、何事も最初はエネルギーを要しますので、初めに時間のかかるものを持ってきてしまうと、ほとんどの場合が出鼻をくじかれます。ですから、リズムをつかむためにも、さっと取り組めるものから始めるのもおすすめです。**自分にとって負担度の低いもの、つまりは気軽にできることから取り組んでみるのです。**

まずは、初動で軌道に乗せていくことを意識してください。**かかる時間とかかる負担を加味して、最初はハードルを下げてスタートしましょう。**

例えば、営業の電話をかけることを「お客様と話せるから楽しい！」と考える人もいれば、「ある程度の台本を考えていないと電話は難しい」と考える人もいると思います。

前者の場合は、自分にとって負担度が低く、気軽にできることなので、すぐに取り組めるでしょう。

後者の場合は、自分にとって気軽にできることではないので、どうすれば負担を感じず取りかかれるかを考えていきます。

まずは台本を考える、ご挨拶のメールを送りながら対面で話せないか、もしくはオンラインで話せないか提案してみるなど、自分にとって「これならすぐに取り組める」という方法を模索します。

モチベーションというのは、始めてしまえば上がってくるものです。その助走時間も、優先順位付けに組み込むのは、意外に大事です。

〈優先順位付けのポイント④〉
優先順位をつけるだけでなくスケジューリングまでやる

タスクを書き出して、優先順位をつけたならば、いつ取り組むのか、具体的にスケジュールに落とし込んでいきましょう。時間ができたら取り組もうと思うと、いつまで経っても取り組めません。せっかく目標や夢があっても、取り組まなければ夢は夢のままです。

まずは、目標や夢の実現に向けて使える時間を確保した上で、優先順位の高いものから、スケジュールに落としていきます。

がちがちに分単位でスケジュールを決める必要はありません。

ここまで読んだ方は、タスクを行うのに必要な時間の見積もりはできていると思います。それであれば、例えば1日に3時間、目標に向かって使える時間があるのなら、余裕を持って2時間半ほどのタスクを用意しておきましょう。

使える時間の枠に対して、やることをリストアップしておくということまでは最低限しておくと、どのタスクをやるか悩むという無駄な時間を費やさずに済みます。タスクの実行する順番も決めておくと、さらにスムーズになります。

〈優先順位付けのポイント⑤〉
朝時間を有効に使う

「仕事から帰ってきてから、資格試験の勉強をしようと思うけど、疲れきっていてできない」「仕事の流れで食事に行くことになって、帰りが遅くなり、そのまま寝てしまった」という相談も、よく受けます。

限られた時間で目標や夢を実現させていくためには、時間を生み出して活用していくこと以外にも意識を向けなくてはなりません。それは、時間の価値を上げる意識です。

私が尊敬する方のおひとり、精神科医の樺沢紫苑先生の『神・時間術』（大和書房）では、脳のパフォーマンスを最大に引き出し、24時間を科学的に2倍にする時間術が書かれています。

1日の中で集中力が高まる時間帯は朝です。特に、目覚めてからの3時間は「脳のゴールデンタイム」と呼ばれ、集中力が最高レベルに達します。**朝の1時間は、夜の1時間の4倍の価値があると言います。**

この朝の時間をメールチェックやSNS徘徊に使うのではなく、目標や夢実現のために使って欲しいのです。目標が仕事と直結している場合なら、早目に出社し、ひと仕事したあとにメールチェックをしましょう。

これを言うと、「朝時間の活用がいいということは知っているし、早起きを何度もチャレンジしてはみるものの、二度寝してしまいます」という言葉が返ってきます。でも、それは当たり前で、いきなり早起きしようと思ってもなかなか難しいのです。人間はもともと怠け者だということを、ここでも思い出してください。

早起きをしたいのであれば、当然早寝が基本です。寝るのがもったいないという気持ちは捨て、しっかり睡眠時間を確保しましょう。また、寝る1時間前からはスマホを見ない、深酒をしないなど、睡眠の質を上げる習慣も取り入れてください。

そして、ひとりではどうしても怠けてしまうという人は、**朝活コミュニティを活用するのもいいでしょう。**

最近は、オンラインで活動する朝活コミュニティもたくさんあります。自分に合った時間帯に開催している朝活コミュニティを探してみるのもいいと思います。

私も5時50分から10分間、朝活でしたことをシェアし合う「5時からのアウトプット朝活」というコミュニティを主宰し、早3年が経ちました。各自好きな時間から活動し、5時50分にZoomで集まって、朝活でしたことをシェアし合うだけのコミュニティです。

積極的に朝時間を活用しているメンバーもいれば、5時50分に合わせて起きるメンバーもいます。ひとりでは早起きも三日坊主になりがちですが、こうした場や仲間の力があることで、朝の時間を有効活用できるものです。

中には、この3年間1日も欠かすことなく、5時からオンライン英会話を世界中の講師から受講しているメンバーがいます。彼女のこの3年間の時間価値は、ちりも積もって、とんでもないことになっているのです。30分×365日×3年＝32850分。素晴らしい財産ですね。

おまけの話。小さいお子さんがいる方へのエール

ここからは少し余談になるかもしれません。しかし、エールの気持ちを込めて、小さいお子さんがいらっしゃる方に向けて綴らせてください。

今でこそ、私は21時半就寝、4時半起床が定着し（朝活をがんばっていたときは4時起きでしたが、疲労回復を優先させて最近は4時半がベスト！）、早寝早起きが習慣化していますが、出産するまでは完全に夜型でした。

やりたいことはすべて夜の時間にやっていたのですが、現実的に出産後はその体力

がなくなっていきました。

授乳をして、一緒に寝落ちして、朝起きたときの自己嫌悪感といったら……。「今日もやろうと思っていたことができなかった」と、起きたときの気分は決していいものではありませんでした。

しまいには、それを「もっと早く寝てくれたら」と、子どものせいにしようとしている自分に心底がっかりしました。

それからは時間の使い方を切り替えることにしました。寝落ちしなかったとしても、どうせ疲れて頭は働かないのだから、いっそのこと夜は早寝しよう。そして、朝早く起きて、やりたいことを進めようと。

そう割りきることで、自己嫌悪感はなくなり、今では朝の時間を有効的に使えるようになりました。

ところが、ここに至るまでに1つ、大きな壁が現れました。それは、せっかく早起きしても、子どもも一緒に起きてきてしまうということ。

小さいお子さんがいらっしゃる方は、この葛藤を経験したことがある方もいるのではないでしょうか。これが1週間も続くと、早起きを諦めたくなりますよね。

そんなとき私はどうしていたかというと、子どもをとんとんして寝かしつけたり、一緒にもう一度寝たり、一緒に遊んだり、私の脱いだパジャマを抱きしめさせたり、夫にくっつけたり（人間のぬくもりで安心するから）。これらも、絶対的な答えがあるわけではなく、うまくいったり、いかなかったり。

そんな状況でしたが、私は早起きを続けました。子どもが起きてしまうことが、一生続くわけではないからです。子どもが大きくなるにつれて、しっかり睡眠も取れるようになります。私も焦らず、早起きを続けることにしました。

下の子が生後3カ月のときに、起業すると決めたのは、私の都合です。もし、子どもが一緒に起きてしまったら、それはそれ、と割りきりました。起きてくるのが前提で、起きてこなかったら「あら、ラッキー」というくらいの感覚で。

子どもが起きてきたことで、「やろうとしたことをできなかった」とイライラしてしまうのは、「この時間にやらないと計画倒れが生じて、他の計画が狂ってくる」というほどに余裕のないスケジュールを組んでいるからではないでしょうか？

人それぞれ、環境や状況は異なります。24時間をどう使いたいのか、今、何を優先したいのか。早朝の時間帯に、同じように葛藤しているお母さん・お父さんがこの世にはたくさんいると思います。ひとりじゃありません！

朝の時間の活用がもちろん有効であることは間違いないですが、焦らずシフトしていきましょう。

チェックリスト

- □「緊急ではないが、重要なこと」をなるべく早くやる
- □目標や夢に向けた時間を優先的に確保する
- □難しくないことから着手する
- □取り組むタスクをあらかじめ用意しておく
- □朝一番に目標や夢に直結することに取り組む

第5章

計画が思うように進んでいないときは

1 「目標」「時間」「行動」の3つの視点で原因を探る

計画は、軌道修正がつきものです。すべてが順調に進むわけではないことも、頭に置いておきましょう。

計画通りに進んでいないときは、改めて大きく3つの視点でどこに原因があるのか探ってみます。

3つの視点とは、以下の通りです。

①目標の立て方
②時間の使い方
③行動の仕方

①の「目標の立て方」では、まず、今一度**「本当に成し遂げたい目標なのか？」と**

自分自身に問いかけてみます。

ここでの問いかけの意図は、違和感やモヤっとする気持ちがないか、確認するためです。もしその気持ちがあるのであれば、目標を立ててもブレーキを踏みながら進んでいることになるので、うまくいきません。目標の再設定をしたほうがいいでしょう。

次に、**タスクの分解ができているか確認します。**タスクが分解できていないがゆえに、行動が止まったり、予想以上に時間がかかったりして、計画が進んでいない可能性があります。

②の「時間の使い方」では、**見積もり時間に大きくずれがないかどうかを確認します。**タスクの見積もり時間と結果時間に誤差がなければ、タスクを実行できている、つまりは目標達成に近づいているということです。

さらに、**バッファ時間を十分確保できているかどうかも確認します。**緊急な案件や、突発的な事態が起こることを大前提として、構えておかなければなりません。バッファ時間を確保していても、その時間では足りずに対処し切れていないということもあり得ます。

最後に、③の「行動の仕方」の視点です。**立てた期限を守る環境を自分で整えているか確認します。**目標や夢の実現に向けては、それが仕事でない場合、会社が期限を管理してくれるわけでもないため、ひとりで実行、完結していく力が必要です。

どういう状況だと行動が止まりやすいのか、続けられなくなるのかという懸念点を洗い出して、つぶしておきます。

日々のやろうと思ったことをやるためには、「やりたい」の願望のままではなく、意図的に「やる」にセットする必要があります。人間は怠け者です。やらない理由をつぶしていきましょう。

チェックリスト

□計画通りに進んでいないときは、目標の立て方、時間の使い方、行動の仕方を見直す

2 「時間がない」の本当の理由

(1)時間のコントロール権は誰が握っている?

「時間に追われる感覚を感じているか?」という問いに対して、「セイコー時間白書2023」の調査では、64・5%の人が「時間に追われている」と感じているという結果が出ました。前年の同調査でも66・3%という高い数字が出ています。

そして、49・2%と約半数の人が、時間に追われる感覚が以前と比べ「強くなった」と答えています。

そもそもなぜ多くの人は「時間がない」と思うのでしょうか?

1日は24時間と決まっています。「時間がない」というのは、24時間で実際にできることと以上に、やることを詰め込んでいるとも言えます。

● 普段の時間の感覚

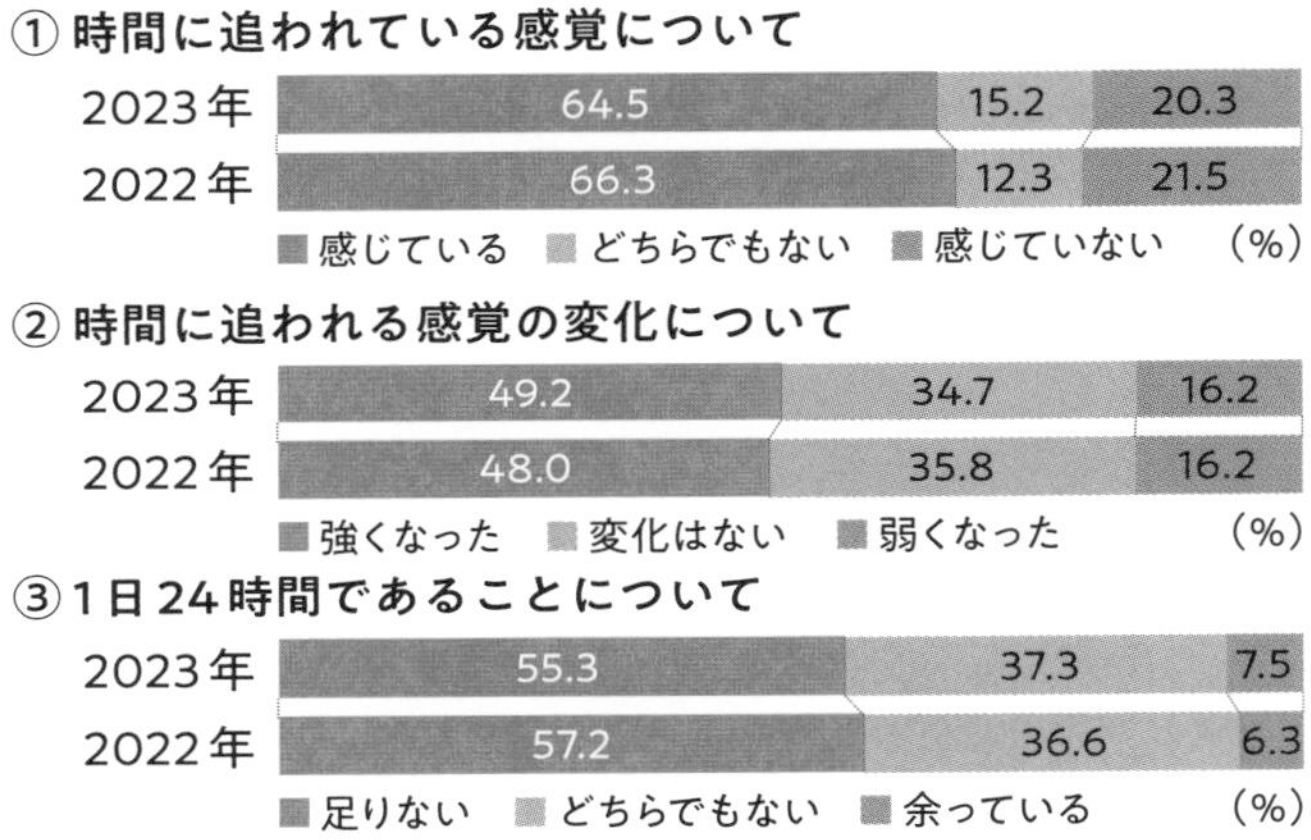
① 時間に追われている感覚について
2023年
64.5
15.2
20.3
2022年
66.3
12.3
21.5
感じている
どちらでもない
感じていない
（%）
② 時間に追われる感覚の変化について
2023年
49.2
34.7
16.2
2022年
48.0
35.8
16.2
強くなった
変化はない
弱くなった
（%）
③ 1日24時間であることについて
2023年
55.3
37.3
7.5
2022年
57.2
36.6
6.3
足りない
どちらでもない
余っている
（%）

また、時間に余裕があるはずなのにうまく時間を使えていないというのは、「何しよう」と考えている時間が長いとも言えます。情報量が多い時代だからこそ、決められないのかもしれません。

「時間がない」にも2つの意味があります。

「やらなければいけないことがありすぎて時間がない」のか、「やりたいことがありすぎて時間がない」のか。

これは、似て非なるものです。時間のコントロール権を誰が持っているかという違いです。自分以外にコントロール権があって「やらねば」という気持ちになっているのであれば、まずは**自分を主語にして考えていきましょう。**

「上司に言われたから、今日中に企画書を書き上げなければ」という意識から、「この企画は絶対に会議で通したいから、今日中に上司にチェックしてもらうために企画書を書き上げよう」と置き換える。

「子どもが小さいから、仕事も子育ても両立するとなると、時間がないのは仕方がない」という意識から、「子どもとの時間を大事にしたいし、キャリアも諦めたくない。正直、時間はいくらあっても足りないけど、ベストなバランスを探っていこう」と置き換えていきます。

自分以外に時間のコントロール権がある状態と、自分にコントロール権があって自分で選んだ結果、時間に追われている状態とでは、大きな差があります。

自分が選んでいるのであれば、時間の使い方を見直せばいいだけです。しかし、**自分以外にコントロール権がある場合は、いくら時間の使い方を見直しても、根本的な**

解決にはなりません。

従来の時間管理術は、時短・効率化を活用し、隙間時間を生み出して、いかにタスクをこなしていくかということが必要でした。これは自分に主導権がある状態ではありません。時間に追われる事態が発生するのは当然です。

「目標や夢を持ちなさい」「行動しなさい」「自分の人生は自分でなんとかしなさい」と、常に前に向かっていくことが暗に求められる時代です。

目標や夢を持つことも、行動力があることも、もちろん素晴らしいですが、**重要なのは、自分で手綱を握っているかどうかなのです。**

(2)「時間は効率よく使うべき」という思い込みを取り払う

従来の時間管理術は、決して「悪」ではありません。

仕事や目標、家事などは、限られた時間の中で成果を出していく必要があります。

その場合は、時短・効率化を活用しながら、時間を管理していく必要があります。ただ、24時間すべてを時間管理しようとすると苦しくなります。使いどころが重要ということです。

例えば、子どもと過ごす時間や趣味の時間は、子どものペースに合わせてクリエイティブに過ごしたほうが、心地よいものになります。趣味の時間なども効率を考えずに楽しむほうが、心の充足になり心身ともにリセットされます。

効率化は、わんこそばのように、次から次へとやることが目の前に出されます。1つ終えたら「はい次」「はい次」というように。

効率化で仕事を片付けたら、次の仕事がやってきます。生産性を上げようとすればするほど、次から次へとスピードアップして仕事がやってきます。結局、やることを増やしているだけなのです。

生産性を上げたら人生が充実するのではなく、人生が充実しているからこそ日々の生産性も上がる、ということを忘れないでください。

順序が逆なのです。「結果を出したら人生が充実する」のではなく、「人生が充実しているからこそ結果を出せる」のです。

だからこそ、**効率ばかりではなく、余白の時間も作ってください。**無駄を省きすぎると、新たなものを生み出す時間を失いかねません。ホッと一息つく時間もスケジュールに組み込みながら、目標や夢の実現に向けて進みましょう。

チェックリスト

- □「やらねばならないこと」も自分を主語にして捉え直す
- □時間の手綱を自分で握ると決める
- □時間を効率化することで何を得たいのかを考える
- □余白時間を大切にする

3 行動し続けるための3つのポイント

(1)習慣化で決断疲れをなくす

私たちは1日にたくさんの決断をしています。「今日は何を食べよう」「どの服を着よう」「何からやろう」「どこのお店に行こう」……。

ケンブリッジ大学のバーバラ・サハキアン教授の研究によると、**人は1日に最大3万5千回の決断をしています。**

自分がそんなに決断をしているとは、実感がわかないですよね。しかし、これだけの決断をしていたら、脳が疲弊するのも当然ではないでしょうか。

スティーブ・ジョブズやマーク・ザッカーバーグが同じ服装を選ぶ理由も実は、ここからきています。

重要な決断をすることが多い彼らは、余計なことに決断力を使って、決断疲れをしないよう意識していたのです。

私たちも意識して、**できることをルール化してみたり、習慣化してみたりすることで、少しでも決断の回数を減らす努力をしてみましょう。**

習慣とは、長い間繰り返し行ううちに、そうするのが決まりのようになり、自動的に遂行されることです。

例えば、「朝の習慣」であれば、起きたらまず顔を洗って、歯を磨いてなど、寝ぼけていても何も考えずに体が動いてくれることです。

習慣化のメリットは、決断疲れをなくし、決断の時間を省くので、そのパワーを本当に大事なことに割けることです。その結果、時間を生み出せますし、ここぞというときに的確な判断もできます。

また、**限られた脳のワーキングメモリの容量を増やすこともできます。**ワーキングメモリとは、一時的に情報を脳に保持し、処理する能力です。習慣化により、もともとの容量が少ないワーキングメモリを解放すれば、仕事や勉強のパフォーマンスも上がります。

習慣化の効果は普段感じにくいかもしれませんが、習慣としていたことが崩れたときに実感します。

例えば、4月は新年度の始まりで、異動や入社、入学、進学など、生活や仕事のリズムが変わる時季です。自分が当事者の場合はもちろん、家族や同僚が当事者だとしても多かれ少なかれ自分に影響が及びます。

これまで習慣として何も考えずに体が自然に動いていたことを、一からまた構築しなければなりません。

このときに何が起こるかというと、決断する回数が増えるのです。つまりは決断疲れが生じ、いつも以上に時間がかかり、それがまた疲弊感を増幅します。

この事態は、新型コロナウイルスで緊急事態宣言が最初に出されたとき、顕著に表れました。

在宅ワークが増え、子どもたちも休園、休校。一日中、家の中に家族全員がいるという状況が何日も続きました。

普段は自分のペースで日中を過ごしていたのに、家族の人数分、決断回数が増えたわけです。昼食は何時に食べるか、何を食べるか、オンライン会議はどこでやるかなど、慣れるまで試行錯誤の時間が必要でした。その当時は「通勤もなくなって楽なはずなのに、なんでこんなに疲れるんだろう?」というお悩みが多く寄せられました。

この疲労感は、決断疲れからきていたのです。

決断疲れで行動量が減ってしまっては、目標達成への道のりもその分、長くなってしまいます。普段から習慣化を意識して、不必要な決断回数を減らす意識を向けてみてください。

習慣化のポイントは、慌てずに小さな行動に1つずつ取り組んでいくことです。

朝起きたら、資格試験のための勉強をして、ストレッチをして、朝食を食べて、など、いくつもの行動を一気に習慣化しようとする人がいますが、これはかなりハードルが高いです。1つのことを続けるだけでも大変なので、まずは「過去問集を開く」くらい極限までハードルを下げて、1つずつスタートしてみてください。

また、**すでに習慣化されている行動とセットにすると習慣化がしやすくなります。**歯を磨きながらスクワットをするなどが、いい例ですね。

少しずつ習慣化に取り組み、決断疲れを減らしていきましょう。

(2)モチベーションは上げるのではなく下がり続けないようにする

「モチベーションさえ続けば、目標達成できるのに」

この言葉の裏を読むと、「目標達成するためにはモチベーションが必要だ」と思っていることがわかります。

実際、「モチベーションを上げるためには、どうしたらいいですか?」という質問を私もよく受けます。そういった質問を受けたときは、「モチベーションは上げる意識よりも、下がり続けないためにはどうすればいいか、という意識を持ってください」

とお伝えしています。


そもそも、モチベーションの源泉は何でしょうか？

モチベーションの源泉は2種類あります。

1つが、**興味、関心から湧きおこる「内発的動機」**。

そしてもう1つが、**評価や罰などをきっかけとする「外発的動機」**です。

内発的動機は、物事に対する強い興味や、探求心から生まれるやりがいや達成感です。そのため、質の高い行動が持続しやすく、高い集中力も発揮されやすくなります。

それに対して外発的動機は、報酬や罰といった、外からの働きかけによる動機です。「結果を出せたら報酬を与える」「結果を出せなかったら罰則を与える」といった、わかりやすい動機なため、短期間で効果が表れます。ところが、効果が持続しないことも特徴です。

そのため、**外発的動機をタネとして、内発的動機へつなげていくと、モチベーションは持続しやすくなります。**「やりたい」という気持ちになるまで、「なぜやるのか」「何のためにやるのか」「それを達成したら、どんな未来が待っているのか」など、内発的動機を掘り下げてみましょう。

このような例もあります。

数字を出せばボーナスを多くもらえるとひたすらがんばっていた営業マンのDさんは、数字で評価が左右されることに疲弊してしまい、相談にこられました。

「このままでは自分がダメになってしまう」と言うので、数字を除外して、自分がやっていて楽しいことや、嬉しいことを書き出してもらいました。すると、経験を積み重ねたことで自分なりの営業手法がわかってきたこと、商品を使っているお客様が喜んでいる姿を目にして嬉しくなったことに気づいたのです。

その後、営業手法を後輩に伝えていくことで役に立ちたい、商品を多くの方に届けたいという気持ちになり、主体的に動けるようになったのです。

このように外発的動機から内発的動機につなげていくと、やる気が出てくることがあります。

また、モチベーションは上がったり、下がったりするものです。この上がったり下

● モチベーションの振れ幅を小さくする

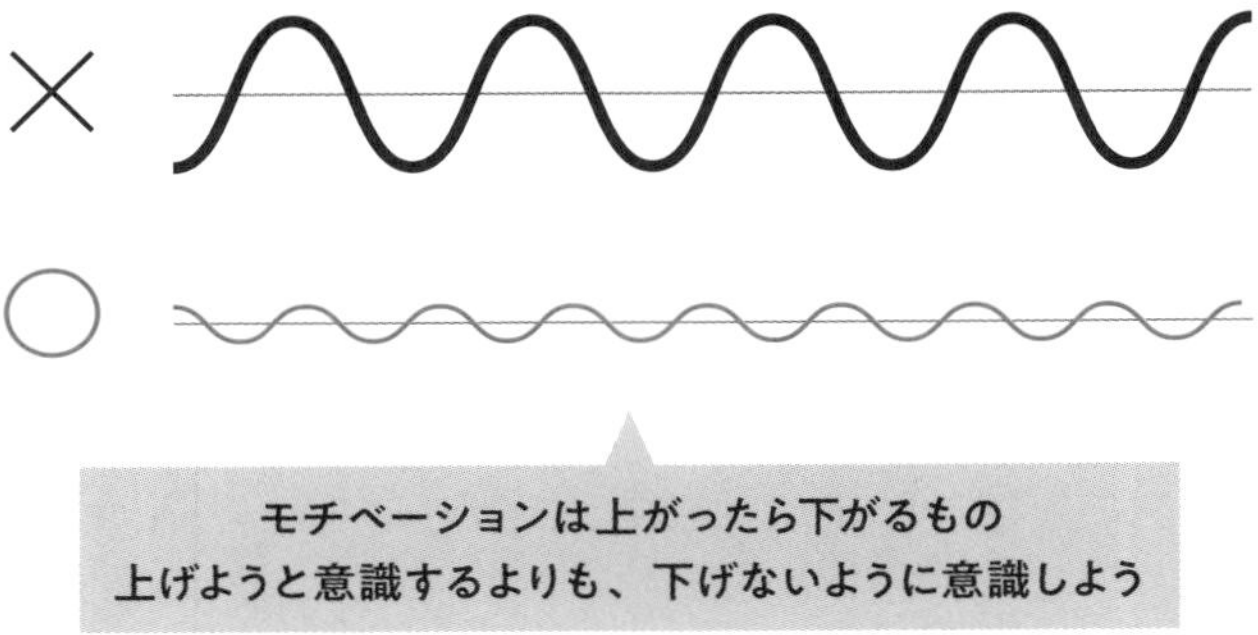
モチベーションは上がったら下がるもの
上げようと意識するよりも、下げないように意識しよう

がったりをジェットコースターのように繰り返すと、それだけで疲弊してしまいます。下がったモチベーションを上げるには、エネルギーが必要だからです。ですから、できるだけモチベーションが下がらないようにしなくてはなりません。

モチベーションが下がる3大要因として、

- 続けられない
- 無茶な計画を立てる
- 人と比べる

があげられます。ですから、達成可能

な計画を立てることが、モチベーションの維持のためにも重要です。

モチベーションが下がるポイントとして、注意しておくべき点がもう1つあります。それが、先ほどの「習慣化」です。

習慣化するまでは、「まずはこのタスクに取り組み、その次はこれをして……」と、タスク1つ1つに対して意識がいきます。

ところが、習慣化されると、意識しなくてもできるようになるので、やることが当たり前になり、やっていても特におもしろみを感じることがなくなってしまいます。だから、**習慣化したタスクばかりやっていると「あれ？　毎日同じじゃない？」と停滞感が出てきてしまうのです。**

習慣化したタスクは、毎日やる、いわばやって当たり前のタスクです。その習慣化したタスクをこなしていくことだけに時間をかけるのは、いつまでも基礎準備運動にだけ時間をかけるのと同じです。

基礎準備運動は確かに大事ですが、例えば試合に勝つためであれば実践の時間も必要ですし、資格試験合格のためにはインプットだけでなくアウトプットの時間が重要となります。つまり、習慣化したタスクだけで目標を達成できるわけではありません。未来のための種まき、目標達成に向けた、アウトプットや実践の時間をしっかり確保していきましょう。

また、**モチベーションが下がりそうになったときの対応策を持っておくといいでしょう。**

普段から、楽しいこと、落ち着くこと、気分が上がること、気分が晴れること、心地よいこと、好きなことなど、自分がポジティブな気持ちになることをリスト化しておきます。そして、モチベーションが下がりそうなときは、意識してそれを実行する時間を取ります。

趣味のことをする、映画を観る、ジムに行く、おいしいごはんを食べる、お気に入りのカフェに行く、お気に入りの香りをかぐ、お花を飾るなど、手軽にできるものをピックアップしておきます。

そして、**普段から、こうした自分にとって心地よいことで時間を埋めていくと、あ**

まり大きくモチベーションが下がることはありません。日ごろから意識してその時間を組み込んでいきましょう。

(3)自分への期待値を下げる

私がこの仕事を始めてから一番驚いたことは、無意識に自分にムチ打っていることにまったく気づいていない方が多いということです。私からすると、十分にがんばっているのに「まだまだ」と口をそろえて言います。

皆さんもぜひ、セルフチェックをしてみてください。次の設問の中に当てはまるものがいくつありますか?

□がむしゃらにがんばってきたけど、このがんばり方はもう限界と感じている
□常に緊急案件に時間を使っていて、未来のために時間を使えていない
□もっと行動スピードを上げて、生産性を高めたい
□好きなことをしているはずなのに、いつの間にか時間に追われて毎日疲弊している

□やりたいことがありすぎて、つい睡眠時間を削ってしまう
□仕事時間とプライベート時間の切り替えがうまくいかない
□「経験のため！」と思って踏ん張ってはいるけど、実は心がついていかないことを何年も続けている
□まだまだ、もっとがんばれると思っている

3つ以上当てはまる方は、90ページでも述べた、無意識に自分にムチ打つ「隠れがむしゃらさん」かもしれません。

個人的にも、何かやると決めたら、やはり最後まで努力をしたいと思うので、つい自分にムチ打ってしまうのはわからなくもありません。しかし、それをわかった上でがんばっているのであればいいのですが、気づいていないというのは要注意です。

自分で気づかぬうちに、心身ともに負荷をかけています。せっかく目標に向かって行動していても、途中で倒れてしまったら元も子もないのです。

「隠れがむしゃらさん」は自分への期待値が高いのが特徴です。

自分のことを期待しているということ自体、とても素晴らしいことです。「まだまだもっとできる！」と自分を鼓舞できるのは、目標達成に向けて行動の継続のためにも必要な要素です。

しかし一方で、「これじゃまだ足りない」「こんなんじゃダメだ」と、「今」の自分を否定していることにもなります。この状態でいると、思ったような結果が出なかったり、行動が止まってしまったり、計画通りにできなかったりしたときに、「やっぱりまだダメだ」と自分への否定を積み重ねていくことになります。

「今」の自分も十分がんばっています。自分で自分のことをねぎらってあげましょう。

私は苦しい局面に立ったとき、明石家さんまさんの名言「生きてるだけで丸儲け」を思い浮かべます。そう、生きていること自体が奇跡だし、やりたいことがあることも幸せなことだし、生きていたらいくらだってチャンスはあります。

上げすぎた自分への期待値を下げる方法を3つあげるので、試してみてください。

1つ目は、第6章の「2　振り返りの3つの項目」でも述べますが、振り返りの際にまずは**できたことに目を向ける**ことです。

できたことに対して当たり前と思うのではなく、できたこと自体を素直にほめてあげましょう。

2つ目は、**現実的な目標を設定して、達成する体験を重ねる**ことです。

達成意欲を満たしていくことが、自分への信頼を高めることにつながります。

3つ目は、**睡眠、運動、食事の時間をしっかり取る**ことです。

体の健康は心の状態も左右します。疲労感を取るだけでも、ポジティブな考え方ができるものです。目標に向けて走るためには、心身の健康もとても重要です。無理して自分を追い込むより、睡眠、運動、食事の時間をしっかり取ってください。

私も睡眠は7時間以上、毎日ウォーキング、週3回のピラティス、外食は最小限に抑えることを意識しています。

チェックリスト

□決断疲れをしていると大事な決断ができなくなる
□大切なときに決断ができるように、小さなことは習慣化していく
□モチベーションを上げる意識よりも「保つ」意識を持つ
□モチベーションが下がりそうになったときの対応策をいくつか持っておく
□今の自分も十分にがんばっていると自分を認める

4

「やりたい」ではなく「やる」にセットする

「やりたいな」と思いながら、そう思うだけで行動に結びついていないことはありませんか？　「やりたい」という願望のままでなく、「やる」という行動にセットをすることが大事、ということはお伝えしました。

そういう私も、長年やりたいと思いながら始められなかったことを今年の年始から始めました。それは、ピラティスです。

「ピラティスやってみたい」「体を動かしたい」「姿勢も改善したい」「痩せたい」などと思いながら、早数年。実を言うと「他にやることたくさんあるし」「毎回の予約が苦手」「スタジオ探すのも億劫」「立地が悪い」など、やりたい理由よりやりたくない理由が多く、腰が重たかったのです。

またカフェ好きな私は、「昔何度か行ったあのカフェに久々に行きたいな」「マスターが入れてくれるおいしいコーヒーを飲みたい」「落ち着いていて雰囲気いいんだよな」「本もゆったりした気持ちで読める」なんて思っていたところがありました。だけど「でも立地が……」「そもそもそこまで優先度は高くないし」「カフェだけのためには出かけないな」と、また行きたい理由より、行きたくない理由の度合いが自分の中で大きかったのです。

そんな2つの「やりたいけど、やりたくないこと」が、つながった瞬間がありました。

何気なく調べていたピラティスのスタジオが、久しぶりに行きたいと思っていたカフェから徒歩数分にあることが発覚したのです！

しかし、もう1つの懸念点が。スタジオもカフェも10時オープン。出不精の私は、子どもたちを送り出して一度家に戻ったら、誰かと約束がない限り、外に出ないことが簡単に予想できました。

すると、朝早くからオープンしていて、しかも混んでないカフェを発見しました。

ここで、ゴールデンルーティンが完成したのです。

子どもを送り出したその足でカフェに行き、執筆や資料、コンテンツ作りなど、クリエイティブな業務を行い、集中力が切れたところでスタジオに向かい、ピラティスをします。そのあとに、お気に入りのカフェに行って、マスターが入れてくれるおいしいコーヒーを飲みながら、読書をしたり、未来のひとり戦略会議をしたりします。

今年の年始からスタートしたこのゴールデンルーティンは、6カ月継続しています。

これは偶然でもなんでもなく、次のような継続できるポイントがいくつも重なったからです。

①自分が楽しいと思うこと、ワクワクすることが組み込まれている

②「これをやったら次にこれをやる」と、複数の行動を組み合わせている

③この場所ではこれをやると決めておく（何をしようかと迷わない。決断疲れを回避！）

一歩を踏み出すため、行動を続けるためにやることは同じです。それは、「やりたい」のままではなく、**意図的に「やる」にセットすることです。**

そして、人間は怠け者だということも忘れないでください。思い浮かぶ限りのやらない理由はすべて、しっかりつぶしておきましょう。

チェックリスト

- □「やりたい」という願望ではなく、「やる」という断定の言葉に換える
- □続けられなくなるであろう懸念点を洗い出す
- □すべての懸念点をつぶす（人間は怠け者であるから）

5 「達成したくて仕方がない」気持ちの源泉を掘り起こそう！

立てた目標、計画を実行していくために一番必要なことは、未来を想像するだけでワクワクする感情や、楽しいという感情です。プランニング力や意志力、行動力、時間管理のスキルなどではなく、行動したくなる感情が何よりも大事です。

ただ、目標や夢が、心からやりたいことであったとしても、実現するには乗り越えなければならないハードルもあるでしょう。

そうしたときは、楽しい感情を掘り起こす「ワクワク掘り起こしワーク」というものに取り組みます。

やることは簡単です。

● ワクワク掘り起こしシート

今、掲げた目標は？　そもそも何のためにやる？
目標達成するとどうなる？
さらにその先どうなる？
さらにその先どうなる？
さらにその先どうなる？
さらにその先どうなる？
さらにその先どうなる？
さらにその先どうなる？
さらにその先どうなる？
さらにその先どうなる？
❤ さらにその先どうなる？

①目標を達成するために、あなたの中で今、一番のハードルは何かを考える
②その行動をしたらどうなるか、約10回掘り下げる

事例として、弊社が販売している「タイムコーディネート手帳」を初めて製作したときのことをあげます。

一番のハードルは、物販ということもあり、在庫を残してはいけないという怖さと、集客ができるかという不安でした。この場合の集客とは、さまざまな手法を活用して、自社の商品の顧客になってくれそうな人と接点を持ち、自社の商品の魅力について知ってもらい、購入に

結びつけることです。
ここから掘り下げていきます。

集客したらどうなる？
↓嬉しいし、自信になる
嬉しくて、自信になったらどうなる？
↓次の集客も不安がなくなる
集客の不安がなくなったらどうなる？
↓もっと自分がやれることをお客様に還元できる
自分のやれることを還元したらどうなる？
↓売上がアップする
売上がアップしたらどうなる？
↓また新しいことを学び、新しい挑戦ができる
新しいことを学び、挑戦したらどうなる？
↓知識も経験も増えて、人生が豊かになる

● 著者の事例

Q1
プロモーションのなかで、
一番ハードルが高い行動は？

Q2
その行動をしたらどうなるか
約10回掘り下げてみよう

（※ワクワク掘り起こしシート を活用する）

集客したらどうなる？
嬉しいし、自信になる❤
嬉しくて、自信になったらどうなる？
次の集客も不安がなくなる❤
集客の不安がなくなったらどうなる？
もっと自分がやれることをお客様に還元できる❤
自分のやれることを還元したらどうなる？
売上がアップする❤
売上がアップしたらどうなる？
また新しいことを学び、新しい挑戦ができる❤
新しいことを学び、挑戦したらどうなる？
知識も経験も増えて、人生が豊かになる❤
知識も経験も増えて、人生が豊かになったらどうなる？
教育事業に携わり、社会貢献ができる❤

知識も経験も増えて、人生が豊かになったらどうなる？

↓教育事業に携わり、社会貢献ができる

私の場合は、「教育事業に携わり、タイムコーディネートを通じて子どもたちに生きる楽しさを伝えたい」というビジョンを持っているため、教育事業というワードが出てきた時点で、「これを乗り越えたら、夢に一歩近づくんだ！」というワクワクする気持ちが湧き上がってきました。

この掘り下げを繰り返し、「すぐに

やらないと損だ！」「やりたい！」という気持ちが沸き起こってきたら、今、目の前のやることに取りかかっていきましょう。

この気持ちになるまで、10個と言わず、どんどん掘り下げてみてください。

未来を変えるのは「今」の行動です。目標は、今すぐ行動できなければ意味がありません。

どんなに小さいことでも、逆にハードルが高いと思ったことでも、それを越えてこそ目標や夢の実現につながります。

計画が思うように進んでいないときは、初心を思い出して、また一歩を踏み出しましょう。

チェックリスト

- □ハードルが高いと思っていることを書き出す
- □その行動をしたらどうなるか？　楽しい感情を掘り起こす気持ちで約10回掘り下げる

第6章

計画を振り返る

1 振り返りの時間をスケジューリング

目標に向かって行動していても、やりっぱなしでは、目標達成に近づいているのかどうか、進捗状況がわかりません。そこで、まずは**「振り返りの時間」と「次のプランニングをするための時間」をセットで確保しておきましょう。**

おすすめは、1日、1週間、1カ月ごとの振り返りです。こんなにも振り返り時間を取ったら、それだけで時間がもったいないと言う人がいますが、振り返りには意味があります。

慣れてくれば、時間をかけずに習慣的にできるようになるので、最初だけは意識して取り組んでください。

（1）1日の振り返り

夜寝る前、もしくは目標達成に向けて取り組んでいた時間の最後に、今日はどこまで進められたのかチェックしましょう。

タスクは1週間単位で管理すること、と第4章でお伝えしました。今日できなかったことは、今週中に確保しているバッファ時間で調整できるか確認します。もし、進捗状況が悪ければ時間を捻出するか、期限を再設定するしかありません。予定通り進んでいれば、次の日のやることをチェックするだけでおしまいです。ものの5分もあれば終わるでしょう。

余談になりますが、その日のタスクを当日の朝に決めたり、確認したりする人も多いのではないでしょうか。

起床後3時間は脳のゴールデンタイムで、脳が活発に動く時間です。その時間に1日の予定を考えるのはとてももったいない時間の使い方です。

そこで、**スケジュールとタスクは前日のうちに決めておくのがベストです**。もっと言えば、寝る前ではなく、取り組み終わったあとすぐに、振り返りと次の日のチェックをしておけば、「どこまで終わったっけ?」と思い出す時間も削減できます。

前日のうちにスケジュールを立てる場合と、立てなかった場合を比べると、タスクの完了時間に1時間以上の差が生まれることもある、と言われています。言うまでもなく、時間がもったいないですね。

（2）1週間の振り返り

1週間の振り返りは、日曜日の夜までに行います。1週間の進捗状況を確認していきましょう。

タスクを1週間単位で管理するメリットは第4章でも伝えた通りです。

まずは、**今週のタスクが計画通りに進んだのかを振り返ります。**

そして、**次週に取り組むタスクはどこまでか、確認する時間を取りましょう。**1週間のゴールを明確にし、1週間の流れがわかるように頭の中でシミュレーションをしてみます。

タスクは1週間ごとに管理していくので、具体的に細かくスケジュールを立ててい

● 1週間の振り返り

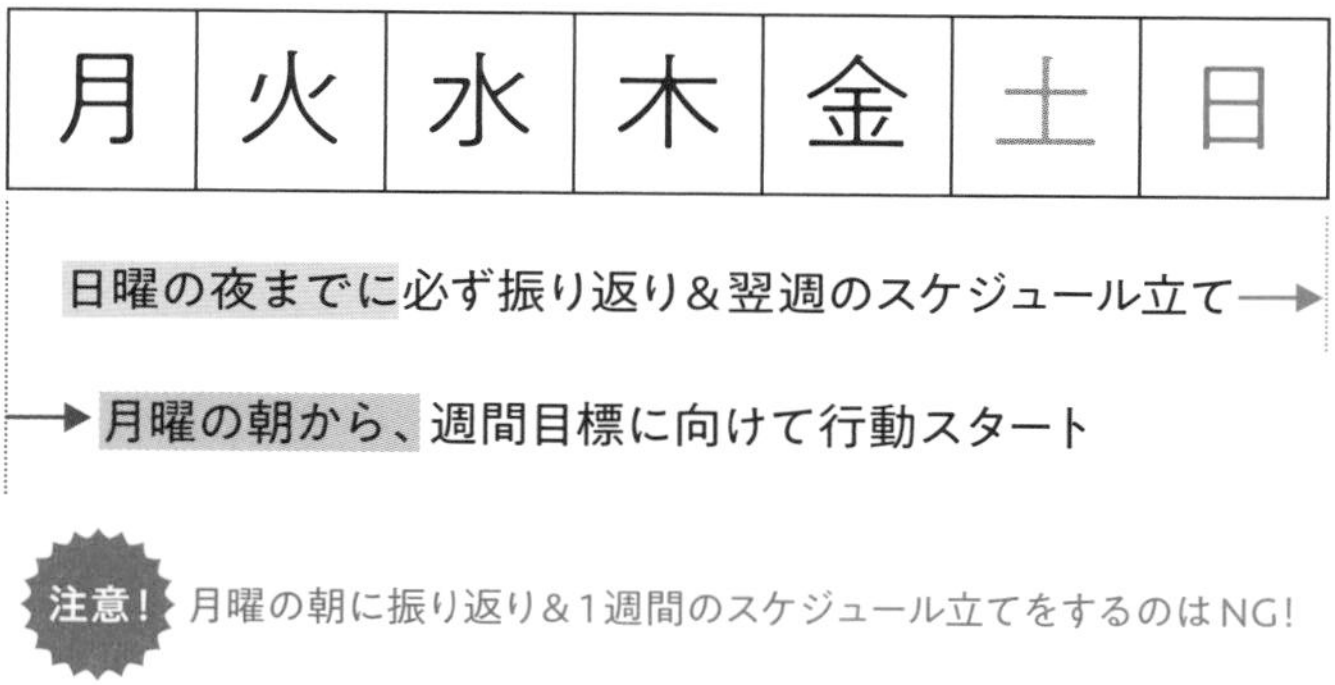
月
火
水
木
金
土
日
日曜の夜までに必ず振り返り＆翌週のスケジュール立て
月曜の朝から、週間目標に向けて行動スタート
注意！
月曜の朝に振り返り＆1週間のスケジュール立てをするのはNG！

くのは、この1週間の振り返りのときに行っていきます。

今週できなかったことも含めて、翌週のスケジュールを立てていきます。その際、細かくは計画を立てていないとはいえ、「○○はこの週にやる」など書き留めてきたタスクもあると思います。そのため、できなかったことを先送りにすればするほど、タスクは増えていき、確保していた時間では終わらないということも生じてしまいます。

ですから、バッファ時間を長めに取って余裕を持っておくことや、見積もり時間をより正確にしていくことを意識していく必要があります。

（3）1カ月の振り返り

最後に1カ月ごとの振り返りです。

月に1回、自分との戦略会議の時間を取りましょう。できれば、パソコンを持たず、スマホもオフにして、向き合うことをおすすめします。このときは余計な情報を入れずに、自分の時間と未来について、集中して考えてください。

私も月に1回、お気に入りのカフェにノートと手帳だけ持っていき、約2時間、自分との戦略会議を楽しみます。**振り返りや、未来に向けてやりたいことなどを自由に想像して、それをノートに殴り書きします。**

思わぬアイディアが生まれる時間でもあるので、私にとってとても楽しい、欠かせない時間です。

振り返りは、3カ月プロジェクトシートで書き出した計画をもとに行いましょう。3カ月テーマに向かって、順調に進んでいるかを確認します。

日々の進捗状況は、多少の調整で遅れを取り戻したり、先に進められたりするかもしれません。しかし、大幅に計画とのずれが生じている場合は、この方向性のままでいいのか、この計画でいいのか、優先順位はこれでいいのかなど、抜本的な見直しが必要です。ここまでが、1カ月の振り返りです。

今やる必要がないものに関しては、時期の目途を立てて、先の未来にスケジューリングします。また、必要ないと判断した場合はそのタスク自体を手放します。

(4) 3カ月目標を見返すタイミングと方法

ここまで積み上げてきた行動によって、次の3カ月の目標が明確になってくるでしょう。

よく、「3カ月目標はどのタイミングで立てるのか?」と聞かれますが、人それぞれ異なるので明確な答えがあるわけではありません。

直近の3カ月ごとに目標を立てていくタイプの人は、例えば4月〜6月の目標を立てる場合、遅くとも3月には立てておくといいでしょう。できれば、3月の時点ではすでに7〜9月目標を見通せているといいと思います。

第2章で説明したように、1年目標が明確になった時点で、4つの3カ月目標に分解できる人もいます。

そして、**3カ月目標の振り返りは、軌道修正が必要になったら、そのタイミングで常に取り組みましょう。**

修正するタイミングは、早ければ1週間の振り返りのときに行いますが、基本的には、1カ月の振り返りのときで大丈夫です。1週間の振り返りの際に、翌週でカバーできそうだと予測できれば、1カ月目標、3カ月目標の修正をする必要がないからです。

軌道修正を何度も行っていると、目標を達成することよりも軌道修正が目的になりかねません。

なお、書き出したタスクに加え、追加のタスクが発生したら、それもしっかり書き残しておくこと。そして、達成したところは「〇」をつけて、進んでいることを実感していきます。

特に重要なのは、書き出したけれど取り組めなかったタスクです。

このタスクを先延ばしせずに、「やらない」という判断に至ることもあると思います。**タスク自体を手放すという判断も、とても大事です。**

また、**手放さないのであれば、「いつやるのか」を明確にしましょう。**例えば、10月上旬にやろうと思っていたことを、12月の上旬に再設定します。

一方、**しばらくは取り組めないタスクだと判断した場合は、「今じゃない」と潔く未来に飛ばしても問題ありません。**

例えば、2023年10月に取り組もうと思っていたけど、もっと重要なことが出てきたから、来年に飛ばすという判断です。「やるかやらないかを含めて、2024年の4月の時点でもう一度判断する」と決めます。自分の意志でボールを前に投げるように、「未来で待ってろよー!」とポジティブな気持ちで、タスクを飛ばします。

先送りや後回しにすることにネガティブな感情を持つ人もいますが、その必要はありません。ここも「自分の意志で」未来に楽しみを飛ばしていきましょう!

● 3カ月プロジェクトシートに「振り返り」を書き込む

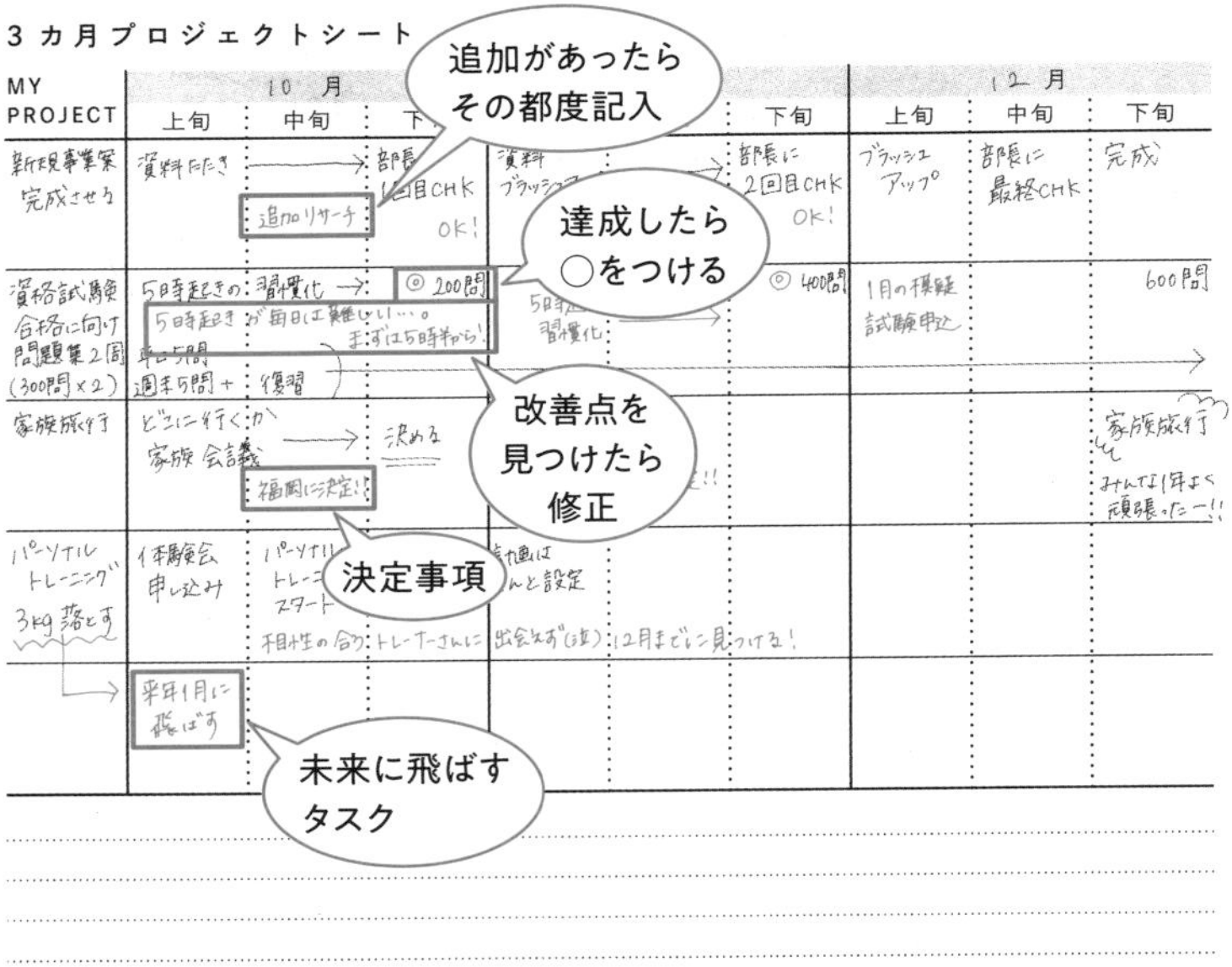

チェックリスト

- □毎日、週に一度、月に一度、３カ月に一度、定期的に振り返りの時間をあらかじめ確保しておく
- □毎日、振り返りと明日のやることとチェックする
- □日曜の夜までに、１週間の振り返りと次の週の計画をチェックする
- □月に１回、１カ月目標の進捗状況の確認、振り返り、軌道修正をする時間を取る
- □３カ月目標を振り返り、軌道修正をする

2 振り返りの3つの項目

振り返りというと、できなかったことや、改善点から見ていこうとする人が多いですが、それでは「できていない」ということを自分の脳に刷り込むことになります。

ですから、まずは、できたことに目を向けましょう。できたことは素直にほめます。

自分で自分を認めてあげることも、謙遜しがちな日本人には必要な時間です。

初めに次のような、**「成果」を書き出します。**

- **自分の中でできたこと**
- **やってよかったこと**
- **やってみて続けたいと思ったこと**

「成果」を書き出すことで自分に対する信頼度が上がります。信頼度が上がった状態

●「時間」要因を軸にして、課題を分ける

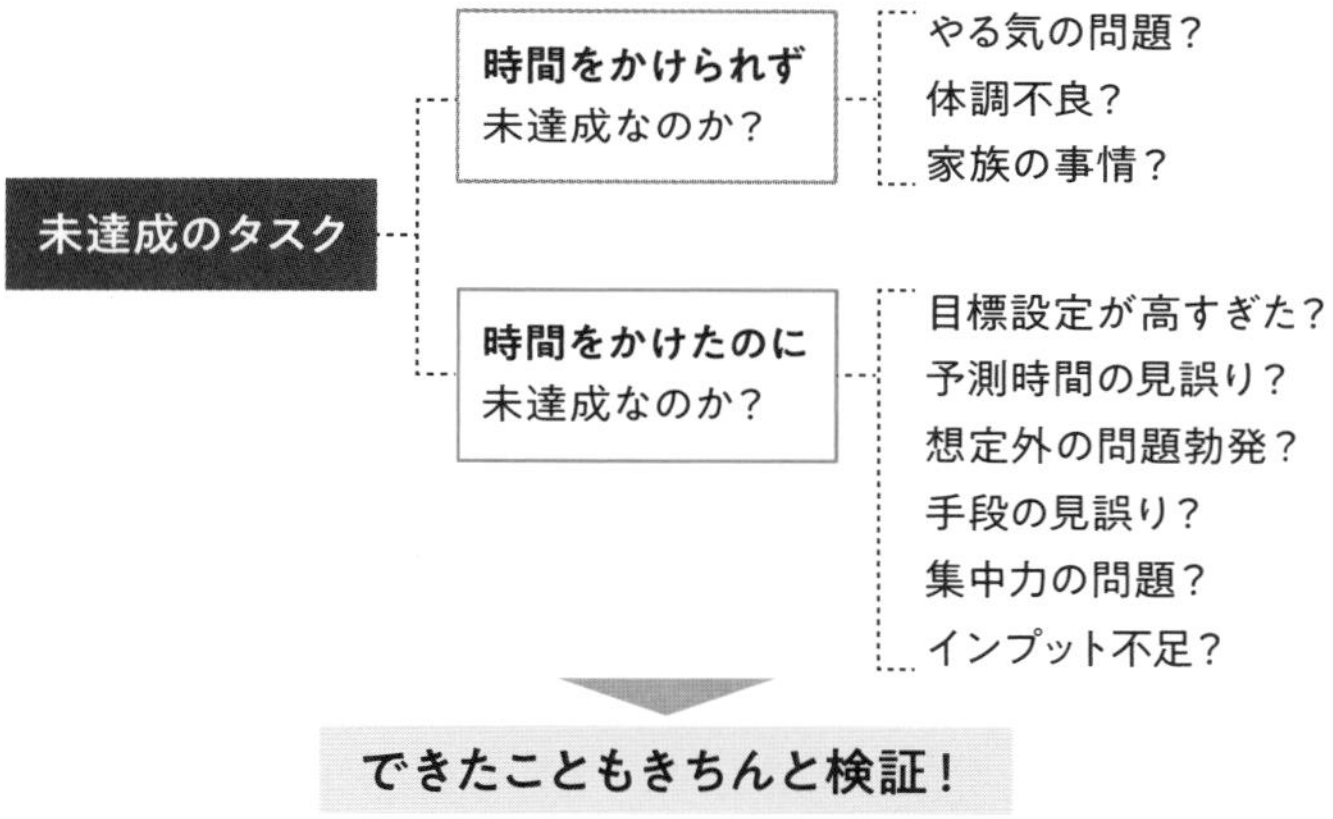
未達成のタスク
時間をかけられず
未達成なのか？
やる気の問題？
体調不良？
家族の事情？
時間をかけたのに
未達成なのか？
目標設定が高すぎた？
予測時間の見誤り？
想定外の問題勃発？
手段の見誤り？
集中力の問題？
インプット不足？
できたこともきちんと検証！

だと、心に余裕ができ、冷静かつ客観的に事実を見ることができます。

達成意欲を満たしたら、次に「改善点」を書き出します。

- やろうと思ったけどできなかったこと
- もっとこうすればよかったこと
- 継続するのが難しかったこと

このようなことを書き出した上で「時間」要因を軸にして、課題を分けてみてください。

時間をかけたのにできなかったの

か、時間をかけられずにできなかったのか。それによって、今後の改善策も変わってきます。

時間をかけたのにできなかった場合は、目標設定が高すぎた可能性もありますし、見積もり時間の見誤りかもしれませんし、そもそもの準備不足かもしれません。

逆に、時間をかけられずできなかった場合は、体調不良、家族の事情、突発的な仕事依頼などが原因と考えられます。

今後同じような事態を防ぐために何をすべきか、具体的な原因を突きとめます。

見積もり時間を正確にしていくこと、バッファ時間を自分が思うよりも長めに確保しておくこと、スケジュールの全体像を見ながら優先順位をつけていくことが、いかに大事かということがわかります。何が起こるかわからないということを常に意識しておくことが必要です。

最後に、手放したこと、これから手放そうと思ったことを書き出します。

● 振り返りの３つの項目

1 成果

- 自分の中でできたこと
- やってよかったこと
- やってみて続けたいと思ったこと

など、プラスになった点は何か？

2 改善

- やろうと思ったけどできなかったこと
- もっとこうすればよかったこと
- 継続するのが難しかったこと

など、改善の必要性を感じた点は何か？

3 手放し（捨てる 任せる 緩める）

- 効率が悪い
- やらなきゃという義務でやっていることに気づいた
- そもそも重要度は高くなく、やる必要がない

など、今後「捨てる・任せる・緩める」で手放せるものは何か？

どんな些細なことでもOK

「成果」「改善」に合わせて、もう1つ大事な振り返り事項が「手放し」です。

- やってみて効率が悪かったこと
- 「やらなきゃ」という思い込みだけでやっていたこと
- そもそも重要度が高くなく、やる必要がないと判断したこと

など、今後「やる必要がない」と判断したことを書き出してみましょう。

チェックリスト

□振り返りの際は、成果・改善・手放しの視点で振り返る

3 手放すことで時間を生み出す

(1)「捨てる・任せる・緩める」で手放す

1日は24時間と限られています。

時短や効率化で隙間時間を捻出するだけでは足りないくらい、やることを抱えているのが私たち現代人です。時短・効率化をしたのにもかかわらずやることを増やして、結果的に時間に追われることになりかねません。

時間を生み出していくためには、より根本的な改善が必要となります。

目標や夢など、限られた時間の中で新たなチャレンジをするときは、なおさら「手放し」が必須となります。私たちは人生で、自分のやりたいことをやりきる時間すらありません。そのため、自分にしかできないことに意識を置いて、時間を使っていきましょう。

では、どのように手放しをしていけばいいのか見ていきましょう。

タスクを手放す上で必要なのが、「捨てる・任せる・緩める」の視点です。

例えば、「前任者がやっていたから」という理由だけでやっていた、効果もさほど高くない業務を「捨てる」。

「この業務は重要だけど、育成のためにも部下にやらせてみるのもいい機会かもしれない」という業務を「任せる」。

初めから完璧な企画書を作ろうとしていたが、まずは30%の完成度で方向性の確認を上司に取ったほうが事前にミスも防げ、上司からのフィードバックによって一気に70%の完成度に進む可能性がある。だから、最初から完璧を目指すのはやめようと「緩める」。

部下が育ったり、ミスが減ったりと、**タスクを手放すことで時間を生み出す以外の効果も期待できます**。「捨てる・任せる・緩める」の視点で手放せることはないか、考えてみましょう。

また、**「手放す」ものは、自分の気持ちが「心地よいか、心地よくないか」を判断基準として洗い出してみてください。**自分の時間を心地よくしていくためには、心地よくない時間を手放していくことが必要です。

(2)手放しは1日にしてならず

目に見えている小さなタスクなら、手放すことも簡単にできるでしょう。

しかし、例えば「手放したくても自分がやったほうが早いから」「自分がやるほうがクオリティが高いから」「引継ぎしている時間がもったいないから」と、手放したほうがいいと頭ではわかっていながらも、手放しできずに抱え込んでしまうことがあります。

こうした場面で思い出して欲しいことが、**「今という一瞬の煩わしさを取るか、このままずっと続く煩わしさを取るか」**という問いです。

「引継ぎは一瞬では終わらない！」という声も飛んできそうですが、引継ぎ作業というその瞬間の煩わしさを回避することで、このままずっと「あなたしかできない」状態が続く危険性を感じて欲しいです。

あなたしかできないことが、あなたが好きで、得意とすることで、何の負荷もなくさらりとできてしまうことなら、そもそも手放す必要はないのです。しかし、**煩わしいと思っている時点で、あなたがやらなければいけないことではない**ですし、あなたのステージアップのためにも抱え続けるのはもったいないことです。

育成の視点でも、あなたの手放しがプラスに働きます。

あなたは、あなたにしかできないことに時間を使い、そこで貢献していきましょう。

(3) 本当に手放さなければいけないものはタスクではなく「やるべき・やらねば思考」

時間の使い方には、その人の価値観が表れます。例えば、「やりたいことをする時間がない」といった状況の背景を紐解いてみると、世間体やしがらみ、思い込みが、その要因になっている場合もあります。

例えば、「プライベートより仕事を優先すべき」とか、「就業時間内に仕事が終わらなければ家でやるべき」とか、「食事は自炊すべき」など。

こうした**思考に気づいたら、振り返りのときに書き出しておいてください。**

手放しというのは、いきなりできるわけではありません。まずは、「心地よくないこと」に**「気づく」**ところからスタートです。

「気づく」の次に**「認める」**がきます。「やるべき・やらねば」に気づいたとしても、「いや、そんなことはない！」と最初は認められない場合ももちろんあります。でも、そんな時期を経て、次第に認められるようになります。

そうなると、最後に手放しを**「実行する」**がきます。

心地よくないことに気づくところからスタートして、段階を踏んで、手放しができるようになっていきます。焦らず手放しを進めていきましょう。

(4)「手放す＝わがまま」ではない

「手放し」の話をするとよく出てくるのが、「手放しが大事なことはわかってるけれど、自分の嫌なことを誰かに押しつけてる気がして、気が引ける」「やりたくないから捨てているみたいでなんか嫌だ」という声です。

手放すことに罪悪感を抱いていませんか？

手放しの概念を変えていきましょう！

例えば、家庭において家事を子どもにも任せていくことで、子どもの自立にもつながりますし、家事や業務のフローを家族や職場で共有しておくと、いざというときに助け合えます。

または、自分がやったほうが早いし、クオリティも高いと思っていたけれど、いざ任せてみたら、すぐに自分がやるよりもクオリティの高いものが出来上がってきたというケースもあります。

実は、**抱えこんでおくことが、結果的に皆を不幸にする可能性もあります。**

● 手放しは一気にできない

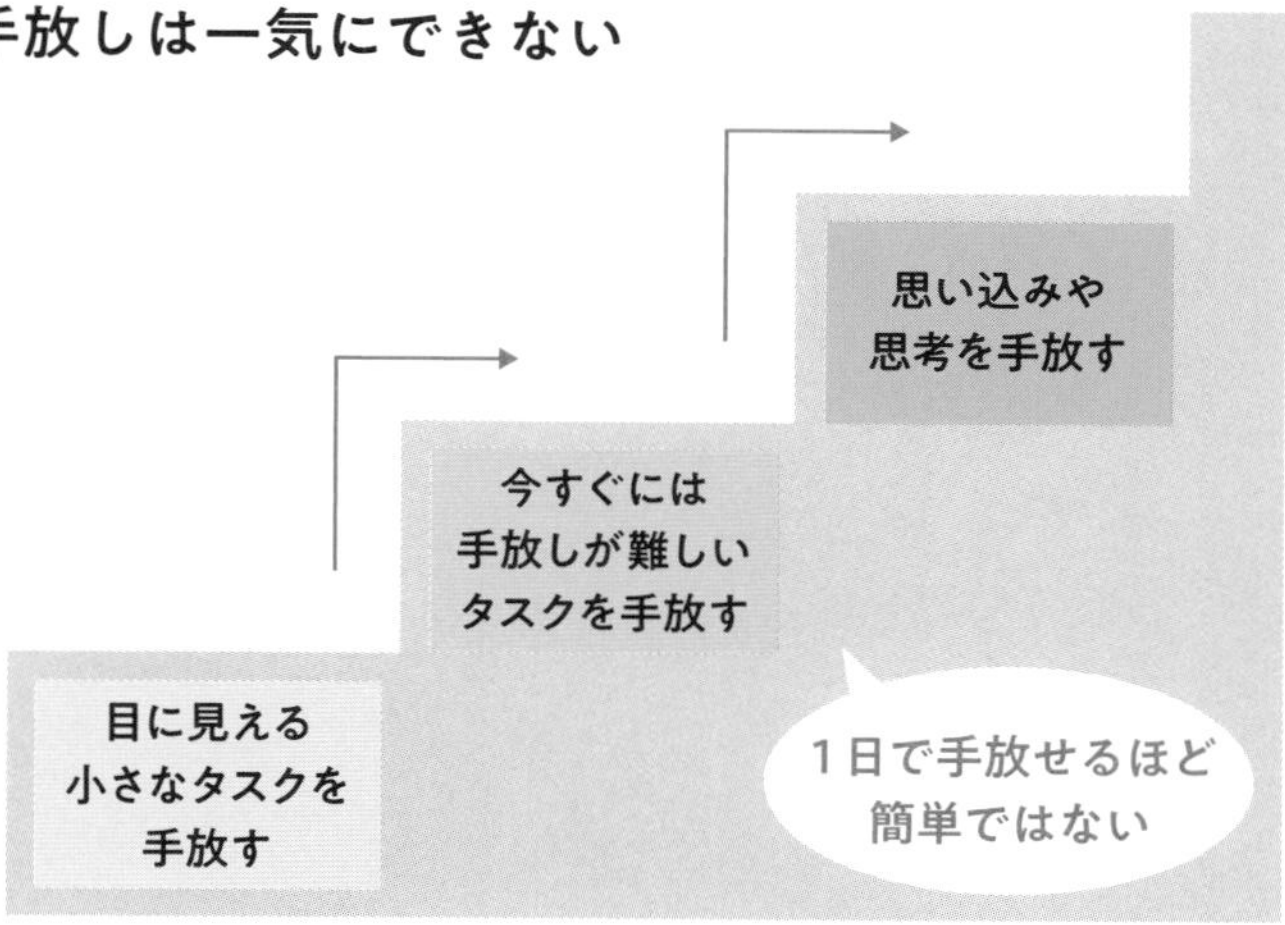
思い込みや
思考を手放す
今すぐには
手放しが難しい
タスクを手放す
目に見える
小さなタスクを
手放す
1日で手放せるほど
簡単ではない

自分以外の人の成長と活躍の機会を奪っているかもしれないのです。家庭でも職場でも、抱え込まずに誰もが担える環境づくりをしておくと、いざというときに助け合えます。

また、この手放しにおいても、手放すか、手放さないかという0→100で考えないでください。やるかやらないかの究極な選択にするから、手放しができなくなってしまうのです。

タスクをできるだけ細かく書き出して、グラデーションで考えていきましょう。手放せることから手放して、その領域を広めていけばいいだけです。

チェックリスト

□捨てる・任せる・緩めるの視点で手放す

□自分の中に「やるべき・やらねば」思考があると気づいたときは書き出す

第7章

目標達成に効果的な手帳の使い方

1 手帳の目的

（1）手書きで書き込むことの効果

ここまで、目標達成のためには計画がとても重要だと伝えてきました。その計画を実行するためには、時間との向き合い方も重要です。

また、その計画をどこに書き出すかも重要です。ノート、手帳、デジタルツール、多種多様なツールがありますが、私がおすすめするのは、アナログで書き出すことです。

手書きのメリットとして、**記憶に残りやすい**ことがあげられます。さらに、自由度が高いため、頭で考えていることを整理されていない段階から書き出していけます。その結果、**書きながら思考を整理することができるのです。**

アナログの中でもさらに言うと、手帳がおすすめです。ノートだと、どこに書き出したかわからなくなってしまうからです。

スケジュール管理をするために手帳を使っている人も多いですが、**手帳の役割はスケジュール管理だけではありません。目標や計画を立てたり、実行後は改善策を練ったりと、思考や行動の整理にも役立ちます。**

手帳は「仕事の質を上げたい」「やりたいことを実現したい」「仕事と家庭のバランスをうまく取りたい」など、目的に一致したものを選ぶことが大事です。まずは自分がどうありたいか、どんな未来に進みたいか、ということを明確にしましょう。

(2)目的別にフォーマットを選ぶ

手帳には、月間ブロックタイプ、週間ブロックタイプ、週間レフトタイプ、ウィークリーバーチカルタイプ、デイリーバーチカルタイプなど、さまざまなフォーマットがあります。それぞれの特徴を紹介します。

〈月間ブロックタイプ〉

手軽に持ち運びたい人、誰かとの約束やお客様とのアポを忘れないように、予定をメモすることに活用したい人、1カ月のスケジュール全体を把握したい人に向いています。

見開き1ページで1カ月が見渡せる1日1マスの形式です。1日当たりに書き込めるスペースは小さいです。

〈週間ブロックタイプ〉

自由度高く、タスクやその日の振り返りなどを書き込みたい人に向いています。

見開き1ページで1週間が見渡せますが、時間軸はありません。

〈週間レフトタイプ〉

予定とメモを一括で管理したい人に向いています。手帳をデコレーションすることが好きな人、手帳を日記として活用したい人、タスク管理をしたい人にも向いています。

・月間ブロックタイプ

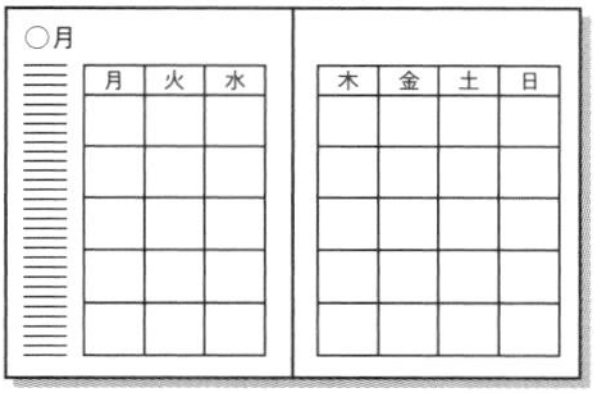

・週間ブロックタイプ

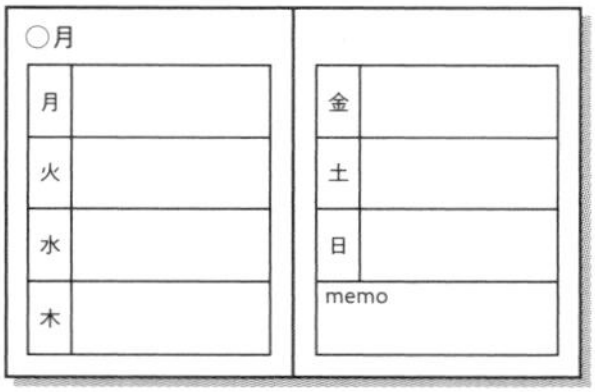

・週間レフトタイプ

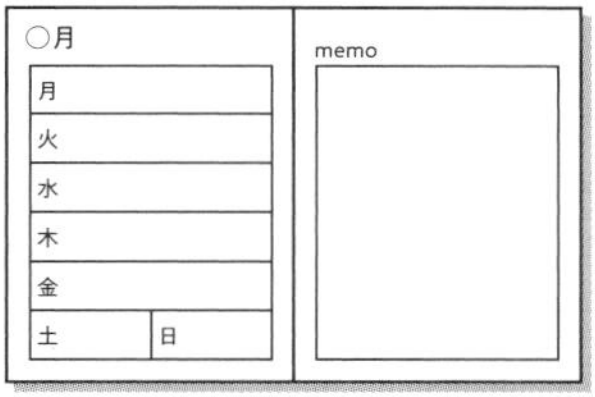

・バーチカルタイプ

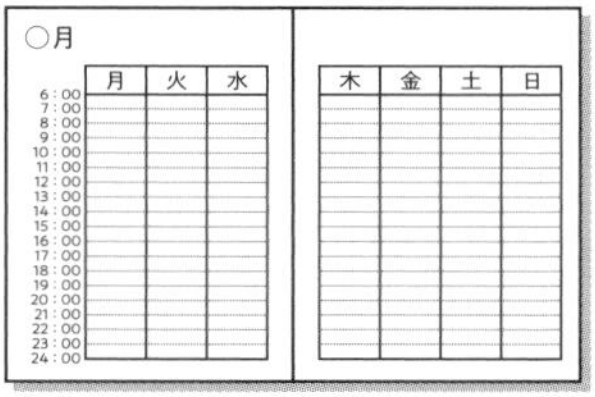

左ページは1週間の予定を記入、右ページはフリースペースで自由に書き込めます。

〈ウィークリーバーチカルタイプ〉

24時間を1週間分、見られる手帳タイプで、1日にさまざまな予定や約束がある人に向いています。

時間軸は、30分ごとの細かいものや、24時間軸、一般的な起床から就寝時間までの時間軸など、バーチカルタイプの中でもいくつものタイプがあるので、自分の目的に合ったものを選べます。

〈デイリーバーチカルタイプ〉

24時間を1日分、見開き半ページなどで見られる手帳タイプで、1日の予定やタスクを余裕を持って書き込みたい人に向いています。

バーチカル自体の機能はウィークリーバーチカルタイプと同じで、用途に合わせて、自由度高く書き込めます。

(3)手帳はただのスケジュール管理が目的ではない

手帳をスケジュール管理で使っている人は多いと思います。私自身、中学生の頃から毎年欠かさず手帳を使ってきましたが、スケジュール管理の目的で手帳を使っていた時期もありました。

そのときを思い返してみると、締切や約束を忘れないことを大事にしていたので、「今」という時間一瞬を切り取って見ていました。もちろん、未来の締切や約束も書かれているので、スケジュール調整やダブルブッキング防止はできます。

しかしそれだと、**緊急で重要なことはもれなく進めることができますが、緊急では**

ないが重要なことを進めることができなかったのです。

「時間ができたらやろう」と思っただけのことは、結局いつまで経っても時間ができず、目の前のことをこなすことで精一杯になってしまいます。

スケジュール管理だけで使用するなら、重くて場所を取る手帳を持つよりも、スマホのアプリ管理のほうが断然効率的だと感じるのは当然です。

目標や夢は、いわゆる緊急な案件ではありません。重要ではあるが、緊急ではない領域です。目標や夢を実現するためには、ある程度の時間が必要となります。長期間の計画を立てるために、手帳を活用できるといいですね。

(4)時間の見える化をする

時間を見える化することが手帳の最大の効果です。24時間の見える化はもちろんのこと、鳥の目と虫の目で、長期間と短期間を行ったり来たりできることがメリットです。

まずは、バーチカルタイプの手帳で24時間をどのように使っているのか、書き込んでみましょう。

バーチカルタイプにはデイリータイプと、ウィークリータイプがあるのですが、「どちらがいいですか？」と、よく質問をお受けします。**私がおすすめするのは、ウィークリータイプです。**

一時期デイリーの手帳を使っていたのですが、メリットよりもデメリットが多かったのでウィークリーバーチカルに変更しました。

1つ目のデメリットは、1週間でタスクを管理しにくいという点です。デイリー手帳だと、1日1日で時間がぶつ切れになってしまうので、手帳内を行ったり来たりしながらスケジュールを組まなければいけません。その行ったり来たりが無駄な時間でした。

2つ目は、1日1ページなので、その分やはり、手帳が重くなることです。手帳を持ち歩くには重すぎて、断念しました。

もちろんデイリータイプにもメリットはあります。それはウィークリータイプに比べ、書き込む欄が多いこと。日記などを書く人にとっては、充実した手帳になるでしょう。

(5)手帳を使いこなすことが目的ではない

「手帳が続かないです」「手帳を使いこなせません」という相談もよく受けますが、手帳を完璧に使いこなすことが目的ではありません。

手帳を使う目的は、目標や夢の実現に向けて、実行可能な行動計画を立てていくことです。「あとは行動するだけ」というところまでのサポート、そして一緒に伴走してくれるパートナーでもあります。

手帳の全ページ、全項目、すべてを記入しなければ、と思っていませんか? 全部書き込めていないから、手帳を使いこなせていない、と思っていませんか?

それは、もしかしたら手帳を書く時間がないほど、時間に追われているのかもしれません。

もしそうなら、自分を苦しめるだけなので、手帳は使いこなせていなくても大丈夫です。ただし、毎日目に入るところには置いておきましょう。

チェックリスト

- □手帳はスケジュール管理だけではなく、目標や夢の実現に向けて行動するために使う
- □目標や夢の実現に向けて実行可能な、行動計画にフィットする手帳タイプを選ぶ
- □24時間を把握することから始める
- □手帳を使いこなすことを目的にしない

2 デジタルとの併用でさらに行動促進

手帳やノートのアナログの良さをここまで伝えてきましたが、決してデジタル否定派ではありません。当然ながら、アナログにもデジタルにも長所短所の両面あるものです。アナログとデジタルの長所を活用していけば、行動の促進につながります。

デジタルのよいところは大きく5つあります。

①アラーム機能がある
②タスク管理をしやすい
③同期化を活用して、いつでもどこでも確認できる
④複数人でスケジュールを共有できる
⑤持ち歩きしやすい

デジタルの良さは、何といっても「今」この瞬間を切り取ることができることです。目標や夢の実現へ向けてやるべきことを明確にし、それを一括管理できる。それを共有できたり、進捗状況をどこでも確認できたり、締切前にわざわざお知らせもしてくれます。これらは積極的に活用すべきです。

私がおすすめするアナログツールとデジタルツールの使い分けは、次の通りです。

①ノートでアイディア出し（頭の中を紙に書き出す）
②手帳で中長期計画
③デジタルでタスク管理

アナログもデジタルも併用して、自分の背中を押していきましょう。

チェックリスト

□アナログとデジタルの両方を活用し、目標や夢の実現につなげる

3 これからの手帳の選び方

新型コロナウイルスにより、働き方だけでなく、時間の捉え方も大きく変わりました。

「これまでは仕事を中心に時間の使い方を考えていたけど、テレワークの導入で家族との時間を中心に仕事の時間を考えるという世界を知ってしまった」と、言っていた方がいました。

この方は、時短・効率化で仕事に使える時間を生み出しては、より多くの業務をこなし、成果・結果を出していかなければならないと、必死に生きてこられたのだと思います。

コロナ禍の生活をきっかけに、「時短・効率化を主体的に使いこなしながら、生み出した時間をより豊かな人生を送るために使う」という時間の使い方を望む人が増えてきています。
それに伴い、手帳に求めることも変わってきて、従来型の時間管理のための手帳と、自分と向き合うための手帳の二極化が進んでいます。

〈従来の手帳の特徴〉

・スケジュール管理やタスク管理をするための手帳
・時短・効率化で時間を生み出すために、時間を整理するための手帳
・自分がワクワクすることを書き出し、自分の本音を自覚するための手帳

〈これからの手帳の特徴〉

・日常のスケジュールをこなしながら、限られた時間で夢を実現するプランニングをするための手帳
・未来へのイメージングと行動促進を兼ね備えた手帳
・自分の想いを実現するための自分会議をするときに使う手帳

これからの手帳は、単にスケジュール管理を目的にするのではなく、人生を切り拓くことに価値が置かれるのではないかと思います。

目標や夢を叶えるため、行動を続けるためには、時間管理だけでは実現が難しくなりました。人生100年時代となり、終身雇用制度も崩壊した現代において、これを「自分の人生の責任を個人に背負わされた」と見るか、「自分の人生を自由にクリエイトできる」と見るかで、時間の価値も相当変わってきそうです。

それに伴い、人生の目的も多様化するため、手帳もさまざまなタイプが生まれてくるでしょう。手帳の選び方は、より一層おもしろくなってくると思います。

ぜひ、あなたに合った手帳を選んでください。

チェックリスト

□時間管理のための手帳と、自分と向き合うための手帳がある
□これから手帳はもっと多様性を持つようになる。大事なのは、自分にフィットするかという視点

4 手帳でタイムコーディネートを実践する

最後に、私が考案した「タイムコーディネート手帳」を紹介させていただきます。皆さんも自分の手帳で取り入れられることがあれば、ぜひ実践してみてください。

タイムコーディネート手帳は、本書で一貫してお伝えしてきているように、「自分が心地よいと思う時間の使い方で、生きる上で大事にしたい価値観に沿って、目の前のやりたいことを実現していく」ための機能が網羅された手帳となっています。

時間を断片的に見ないで、「心地よい時間の探求」と「目標や夢を実現するための行動計画」をそれぞれ「短期的」「長期的」に見ていきます。

24時間という短期的な時間だけでなく、中長期的な時間も一目で見ることができることが特徴の1つです。

マンスリーページは、見開きで2カ月分を見渡せるので、長期的視点で見通してスケジュールを立てられます。

ウィークリーページは、24時間を把握できるバーチカルタイプを採用しています。タスクを書き出す欄には、期限、見積もり時間、結果時間を書き込める欄も用意しています。振り返りの欄もあり、成果、改善、手放しを書き込めるようになっています。

ウィークリーページは1年間途切れることなく連続でページがつながっています。これは私の中でもこだわりで、1週間という時間が次の1週間につながることを意識して作りました。

● マンスリーページ

月間目標を書く
見開き２カ月で長期的視点を持てる
時間管理はウィークリーページに任せて、
マンスリーでは全体像をしっかり捉える

● ウィークリーページ

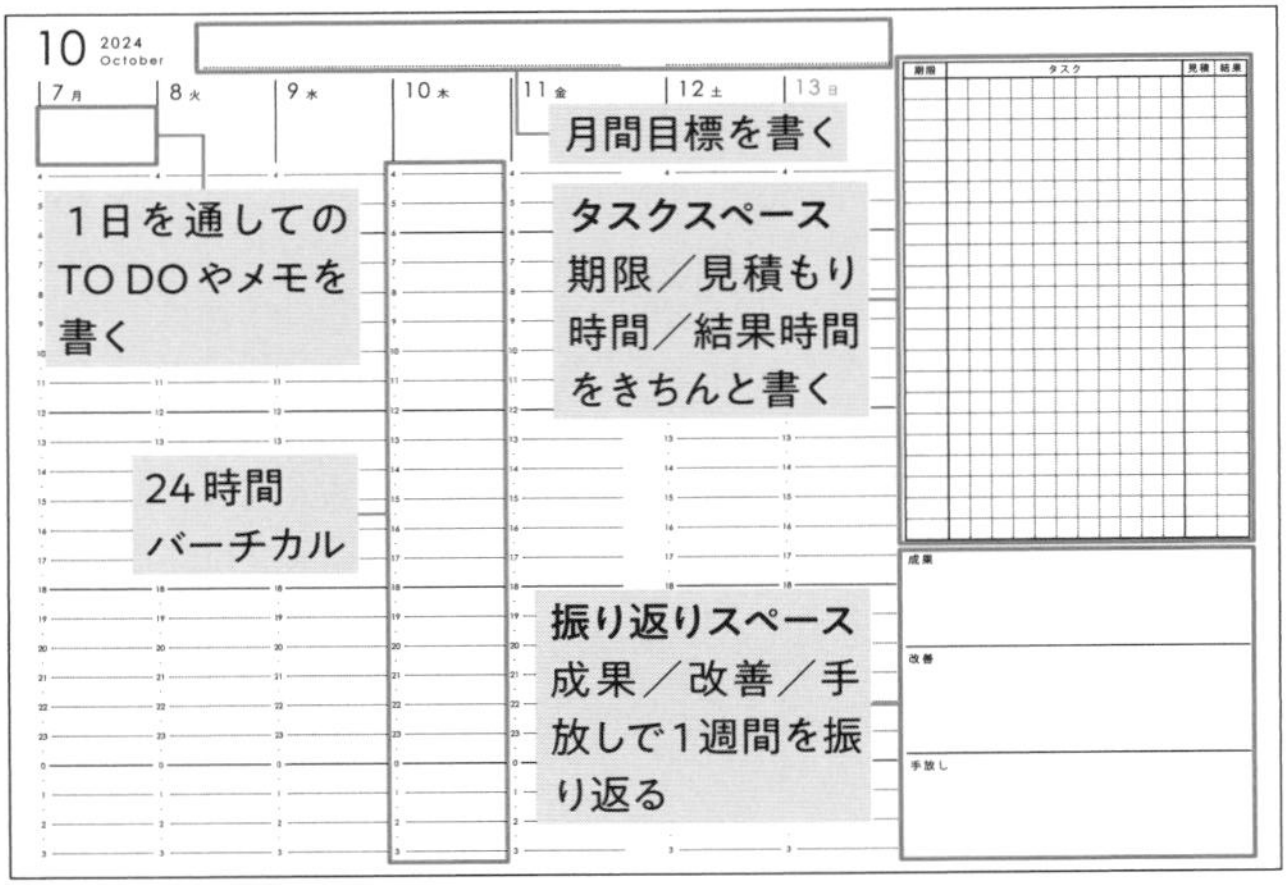
月間目標を書く
１日を通しての
TO DOやメモを
書く
タスクスペース
期限／見積もり
時間／結果時間
をきちんと書く
24時間
バーチカル
振り返りスペース
成果／改善／手
放しで１週間を振
り返る

そして、マンスリーページとウィークリーページを活かすための土台ページが、次の3つのオリジナルページです。

①自分にとっての心地よい時間の使い方がわかる〈5つの「私」役割シート〉

人間にとって大事な睡眠時間をまず確保し、24時間から睡眠時間を差し引いた時間を、どのようなバランスで使いたいのかを考えていくシートです。単に、言葉で書き記すだけでなく、24という限られた数字で表すからこそ、客観視することができます。

②自分が大切にしたい価値観に沿って行動できる〈VISION逆算シート〉

左ページには、ビジョン、ミッション、そして行動指針を書き出すことができます。近視眼的な視野になったときは、このページに戻ると、自分が何を大事にしたいのか立ち返ることができます。そして、右ページはそのビジョンをもとに、3カ月目標を4つ書き出せるようになっています。

③夢の実現に必要な行動ルートがわかる〈3カ月プロジェクトシート〉

● 5つの「私」役割シート

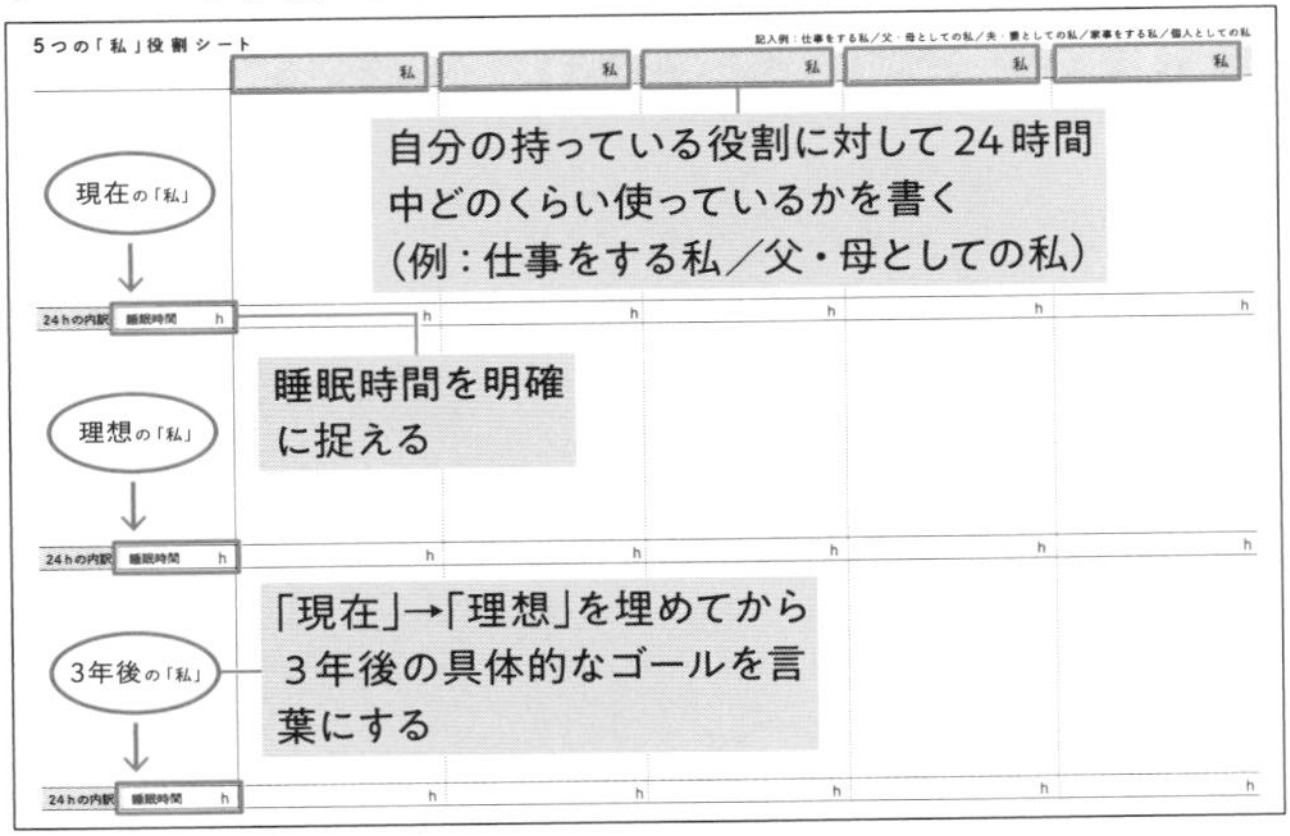

● VISION 逆算シート

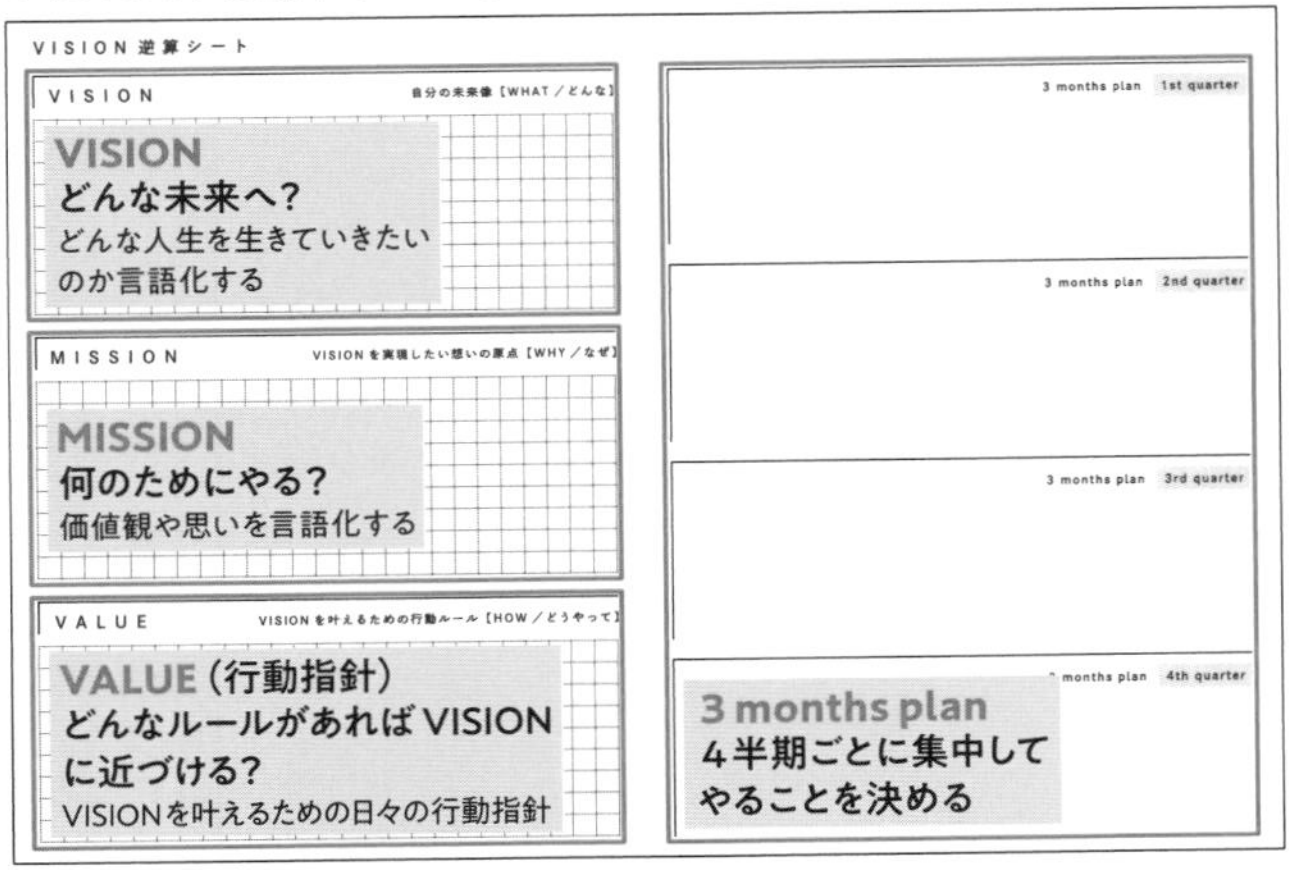

3カ月プロジェクトシート

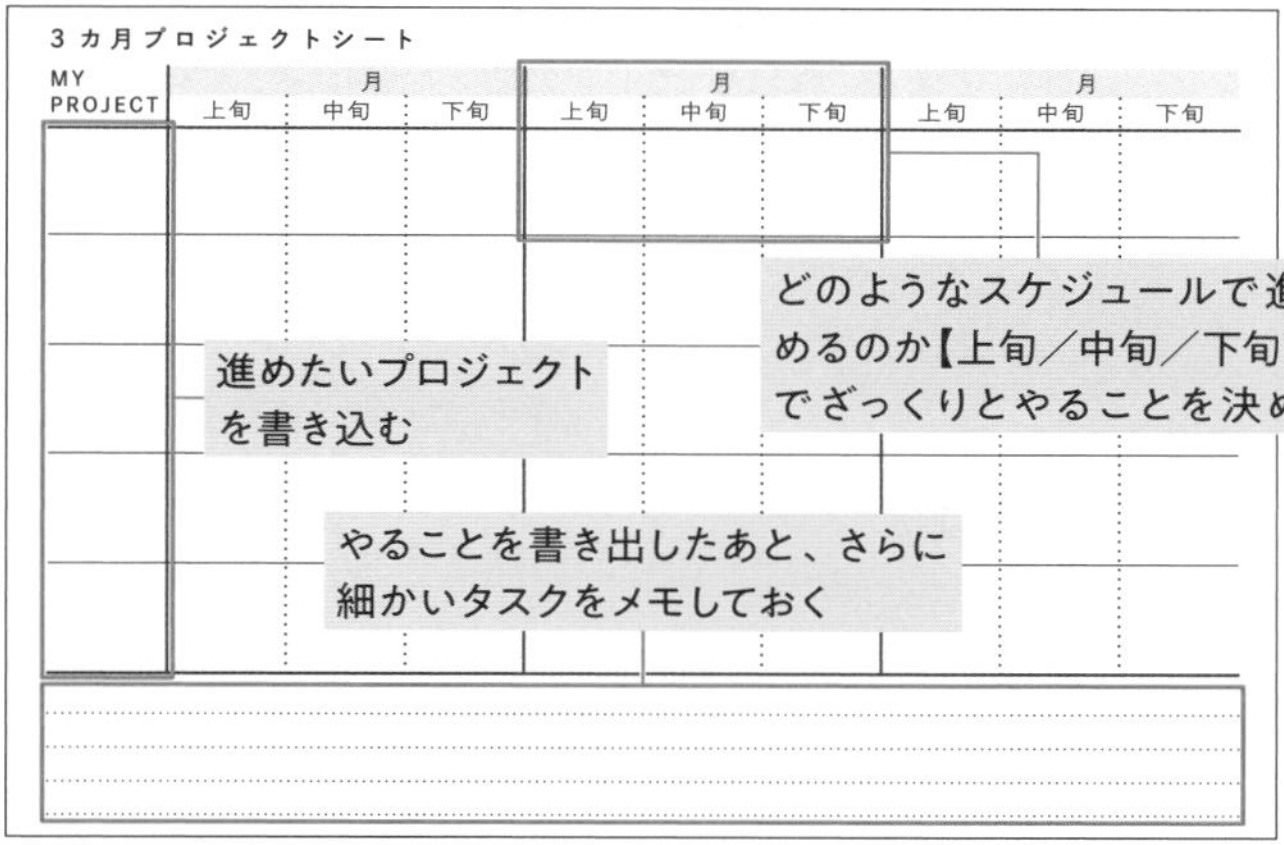

3カ月プロジェクトシート
MY PROJECT
月
上旬 中旬 下旬
月
上旬 中旬 下旬
月
上旬 中旬 下旬
どのようなスケジュールで進めるのか【上旬／中旬／下旬】でざっくりとやることを決め
進めたいプロジェクトを書き込む
やることを書き出したあと、さらに細かいタスクをメモしておく

目標や夢をそのままで終わらせないのが、このページの存在です。3カ月ガントチャートで3カ月目標を分解していきます。3カ月という時間を、見開き1ページで確認できると、進捗状況が一目でわかり、プランニングもしやすくなります。

チェックリスト

□タイムコーディネートの考え方を、自分の手帳に取り入れてみる

おわりに

結果を出せる人と、出せない人の違いは何でしょうか？　それは、途中で諦めないか、諦めるかの違いです。つまり、続けられるかがカギとなります。
だからといって気合いでがんばろうとしても続きませんよね。

「がんばる」の意味を知っていますか？

①困難にめげないで我慢してやり抜く
②自分の考え・意志をどこまでも通そうとする。我を張る
③ある場所を占めて動かないでいる

『デジタル大辞典』（小学館）には、こう書いてあります。

自分に対しても、人に対しても、「がんばろう！」「がんばって！」と声をかけるの

は、「困難にめげるな！」「我慢してやり抜け！」と言っているのと同じこと。

それは苦しいし、辛いですよね。やり抜く根性は確かに必要ですが、根性の使いどころを間違えたら、せっかくの目標や夢も、苦しい道のりになってしまいます。


私が時間の使い方を意識したのは、中学1年生のときでした。そしてこれまで約30年、1年も欠かすことなく、手帳を使って時間と感情に向き合ってきました。

当時は、塾や部活の予定しかありません。特に書き込むことがなかったので、「今日楽しかったことベスト3」と銘打って、毎日書き続けました。そして、今日は100点中○○点というように、今日1日の点数をつけていました。

今考えても、なんて根暗なんだと思います（笑）。

まさか、この経験がその後、仕事になるとは思いもよりませんでした。


タイムコーディネートのベースは、自分が心地よく時間を使うことです。心地よいという言葉から「ゆったりしている」「余裕のある」というイメージを持たれる方もいると思いますが、それは人それぞれです。

実際に、タイムコーディネートを実践されている方からは、「余裕は持ちたいけど、余裕だけになるのは嫌！」「楽をして生きたいわけではない！」という声も多く、どちらかというと「前向きに、でも、ときにもがきながら、自分の手で自分の未来をつかみにいきたい」という方が多いです。

周りからは、器用だと見られながらも実は泥臭く、一生懸命努力をしている人の集まりだなと感じます。でも、その泥臭いところが大好きです。

泥臭いところは、本当に泥だけあったら辛くなります。でもベースが「心地よく」「楽しい」を大事にしているので、前向きに進めるのです。

ぜひ、今からでも「今日楽しかったことベスト3」を書き出して欲しいと思います。

実は、我が家では、毎日夕食のときや寝る前に、全員でこのゲームをやっています。私のビジョンでもある「子どもたちに生きる楽しさを伝えたい」が、実はここにつながってきます。私自身、子どもの頃から自分にとって「楽しいこと」「心地よいこと」を選別し、それに時間の多くを使ってきました。自分でその時間を選んできたということが、生きる楽しさにつながっていると実感しています。
時間の使い方を通じて、子どもたちにも「楽しいこと」「心地よいこと」を自分で選んで、自分で決めて、自分で未来をつかみにいって欲しいと思っています。

また、韓国で暮らした約9年間で、価値観はもちろん、時間の使い方、生き方、働き方、ライフイベントへの想いなど、いろいろなことが覆されました。

渡韓前は、「時間管理」「プランニング」「スケジューリング」の3つには、それなりに自信を持っていました。

ところが、長時間労働が当たり前の現地法人で働いてみて、いくら計画を立てることができても、臨機応変に対応できなければ何の意味もないということを痛感しました。

1~10まで段階を踏んで準備していく日本と、1~10を一気に準備していく韓国、どんなことにも対応しようとするアジア各国に、それぞれの意見をしっかり主張する欧米。世界中の国々と仕事をしてみて、それぞれの国の良さも、違いも知ることができて、自身の計画の立て方や実行にも柔軟性が備わったと思います。

しなやかにやりきることの大切さを学べたのも、この時期でした。

本書を通じて、目標や夢に向かって走っている方々が、息切れすることなく、楽しみながら、目標や夢に向かってしなやかに行動を続け、最後までやりきってくださったら、こんなに嬉しいことはありません。

時間の体質によって、人生の豊かさが変わります。

最後までお読みいただき、ありがとうございました。

吉武　麻子

参考図書

『幸せのメカニズム　実践・幸福学入門』前野隆司著（講談社）
『神・時間術』樺沢紫苑著（大和書房）
『倒れない計画術』DaiGo著（河出書房）
『幸福優位7つの法則』ショーン・エイカー著　高橋由紀子訳（徳間書店）
『短期間で〝よい習慣〟が身につき、人生が思い通りになる！　超習慣術』DaiGo著（ゴマブックス）
『仕事は楽しいかね？』デイル・ドーテン著　野津智子訳（きこ書房）
『記録するだけであなたの夢が10倍叶う！　夢を叶えるドリームマネージャー手帳』金村秀一著（産業能率大学出版部）
『完訳　7つの習慣　人格主義の回復』スティーブン・R・コヴィー著　フランクリン・コヴィー・ジャパン訳（キングベアー出版）
『時短・効率化の前に　今さら聞けない時間の超基本』二間瀬敏史、吉武麻子監修（朝日新聞出版）
『学びを結果に変えるアウトプット大全』樺沢紫苑著（サンクチュアリ出版）
『ファスト&スロー　あなたの意思はどのように決まるか？（上）（下）』ダニエル・カーネマン著　村井章子訳（早川書房）
『エッセンシャル思考　最少の時間で成果を最大にする』グレッグ・マキューン著　高橋璃子訳（かんき出版）

著者のことやタイムコーディネート手帳について もっと知りたい人へ

- TIME COORDINATE株式会社HP
  https://time-coordinate.com/

- 吉武麻子公式メルマガ
  https://time-coordinate.com/mail-list2

  ご登録いただくと、タイムコーディネート3ステップ動画プログラムを無料でご視聴いただけます。

- タイムコーディネート手帳公式Instagram
  https://www.instagram.com/time.coordinate/

【著者紹介】

吉武　麻子（よしたけ・あさこ）

◉――TIME COORDINATE（株）代表取締役　タイムコーディネーター

◉――大学卒業後、旅行会社勤務を経て、26歳で韓国留学。その後、現地法人でキャスティングディレクターとして24時間365日仕事に追われる日々を過ごす。

◉――帰国後、キャリアとライフイベントの狭間で葛藤した経験から、疲弊せずに毎日を楽しみながら仕事のパフォーマンスもあげていく「タイムコーディネート術」を考案し、のべ3000名以上に指南。心地よい時間の使い方で、ありたい未来をつかみにいくための「タイムコーディネート実践プログラム」や「タイムコーディネーター養成講座」を開講。

◉――また、シリーズ100万部発行の『時短・効率化の前に今さら聞けない時間の超基本』（朝日新聞出版）の監修や、タイムコーディネート手帳の製作販売、企業研修、時間の専門家として各種メディアにて掲載・連載執筆を行っている。プライベートでは２児の母。

目標《もくひょう》や夢《ゆめ》が達成《たっせい》できる　1年《ねん》・1カ月《げつ》・1週間《しゅうかん》・1日《にち》の時間術《じかんじゅつ》

2023年10月２日　　第１刷発行
2024年２月14日　　第６刷発行

著　者――吉武　麻子
発行者――齊藤　龍男
発行所――株式会社かんき出版
東京都千代田区麴町4-1-4 西脇ビル　〒102-0083
電話　営業部：03(3262)8011㈹　編集部：03(3262)8012㈹
FAX　03(3234)4421　　振替　00100-2-62304
https://kanki-pub.co.jp/

印刷所――図書印刷株式会社

　ISBN978-4-7612-7694-2 C0030

限りある時間の使い方

オリバー・バークマン／著　高橋 璃子／訳
定価：1,700円＋税
46判／並製／304ページ
ISBN：978-4-7612-7615-7

アダム・グラント、ダニエル・ピンク、カル・ニューポート他、NYタイムズ、WSJ絶賛の全米ベストセラー！

人生はたった4000週間、限られた時間をどう過ごすか！？
「すべてのことを終わらせる」という強迫観念を捨て、自分の有限性を受け入れたうえで、そこから有意義な人生を築く方法を紹介します。本書を読めば時間に対する見方が変わり、さらには生き方が変わります。